敦煌文獻與文學叢考
下冊

黃永武 著、鄭阿財 編

目次

上冊

3　黃永武先生與敦煌學及其敦煌唐詩研究之成就

17　英倫所藏敦煌未知名殘卷目錄的新探索（上）

25　英倫所藏敦煌未知名殘卷目錄的新探索（中）

35　英倫所藏敦煌未知名殘卷目錄的新探索（下）

47　六百號敦煌無名斷片的新標目

75　劉銘恕《斯坦因劫經錄》之訂補

105　劉銘恕《斯坦因劫經錄》之訂補（續）

145　《敦煌遺書總目索引》之補正

181　北京所藏敦煌「俟考諸經」的新標目

199　敦煌所見李白詩四十三首的價值（上）

223　敦煌所見李白詩四十三首的價值（下）

249　敦煌所見王昌齡詩七首的價值

259　敦煌所見孟浩然詩九首的價值

下冊

275　敦煌所見白居易詩二十首的價值

313　敦煌伯二五六七號中李昂、荊冬倩、丘為、陶翰、常建詩的價值

323　昔人已乘白雲去
　　　——敦煌本唐詩的價值

335　敦煌伯二五五五號卷子中二十七首
　　　今存唐詩的價值

357　敦煌伯三六一九號卷子中四十一首唐詩的價值

383　敦煌斯五五五號背面三十七首唐詩的價值

399　敦煌所見劉希夷詩四首的價值

411　敦煌所見李嶠詩十一首的價值

429　唐代的離婚證書

435　夢裡乾坤

445　豬八戒的由來

449　久已失傳的望氣術

455　武則天喜造怪字

459　唐代有具象詩嗎？

463　唐朝的國際球賽

467　新年談祥瑞

471　榆林壁畫中的孫悟空

479　沙漠大書坊——敦煌

487　敦煌的文學與藝術

503　千金一字敦煌詩

517　孟浩然集內的偽詩

521　敦煌情歌

529　新發現兩首敦煌曲

537　敦煌曲「鬥百草詞」試釋

下冊

敦煌所見白居易詩二十首的價值

　　白居易的詩，廣受當時人喜愛，篇章初成，即傳鈔於海內外，即使邊塞敦煌及外國日本，在唐代就有他的詩篇流傳。

　　在敦煌卷本裡所存的白詩，現今所知，共有二十首。三首在伯三五九七號，十七首在伯二四九二號（舊編伯五五四二號），此小冊中另載元稹詩一首，所以敦煌寫本的元白詩已發現二十一首。

　　以敦煌寫本來校定白居易詩，王重民氏及日本平岡武夫氏，均曾校過，陳寅恪氏以史證詩，亦偶及校文，但是三位都只用伯二四九二號，不曾用伯三五九七號；再則前兩位都是只校文字的異同，少講異文的是非。且因當時敦煌影本，字跡不明，所校未全核實，因此本文想重加細勘，並從修辭學及文法習慣的觀點，舉證析論，希望從異文中說明敦煌本在研究上的價值。

　　本文的校勘，主要用下列四個版本來校敦煌寫本：

　　南宋本——北京圖書館所藏原鐵琴銅劍樓藏宋本，一九五五年文學古籍社影印，藝文翻印。

那波本——日本那波道圓據明代朝鮮本影印，《四部叢刊》據以影印為《白氏長慶集》。

汪本——汪立名據胡氏唐音丁籤本及各舊藏宋刻、明刻本校定，世界書局印為《白香山詩集》。

金澤本——大東急紀念文庫藏唐時日僧惠萼抄存十九卷本。

其他如《才調集》、宋本《樂府詩集》、《文苑英華》引及者，亦一併取校。平岡武夫氏所作「白氏文集乃校定」，所用版本極多，所校亦詳備，本文除上述各校本之外，其他版本則取平岡氏書作依據，不再廣列異本。

敦煌本伯三五九七號為寺僧所寫，卷末書有「乾符四年二月二十日靈圖寺僧某」字樣，時在唐僖宗時，西元八七七年，距白居易下世方三十一年。

這張卷子上錄詩八首，中間幾首似乎都是在標榜「重出字」的奇詩，像「春日春風動，春來春草生，春人飲春酒，春鳥弄春聲」，又「高僧高高高入雲，真僧真真真是人，清水清清清見底，長安長長長有君」（此詩又見北京藏卷八六一一號），還有一首可能是「日日樓昌望，出出出沒雲，思思思遠客，問問問貞人」，這三首都是帶著巧思的遊戲筆墨，作者已失傳，另外也是兩首佚名的絕句。

伯三五九七號中可考出三首白居易的詩，第一首是卷上明寫為「白侍郎蒲桃架詩一道」：

道鄧洞庭度，引葉易盈縶。繳結互高狷，吟曨連落遼。陰暗奄幽屋，蒙密夢冥苗。七秋青且翠，冬到頓都彫。

這是一首遊戲性質的詩，在唐人讀來，每字的反切上字都是同類

的，所謂「迴環讀之，皆成雙聲」，然而這首詩見於《全唐詩》卷五百二，頁五七一五，系在「姚合」的名下，題目仍為「蒲萄架」，文字改得較為順適：「萄藤洞庭頭，引葉漾盈搖。皎潔鉤高掛，玲瓏影落寮。陰煙壓幽屋，濛密夢冥苗。清秋青且翠，冬到凍都凋。」

姚合詩據《唐才子傳》說有十卷，今編為七卷，這首是附收在輯句裡，這種遊戲筆墨，大家詩集未必收錄，後人流傳為姚合所作，不知根據何書？考《全唐詩》稿本冊四十八，姚合詩中不載此首，大概是《全唐詩》的編者從引文中輯佚所得，增補進來，可信度不是很高。今見敦煌本寫明是「白侍郎」作，應為白居易所原創，是否又經姚合稍加修改？

「道鄧凋庭度」是不通的，於詩題也不合，想來原本該作「萄藤洞庭頭」。「繳結互高狷，昤曬連落遼」也不順，寫作「皎潔鉤高掛，玲瓏影落寮」，描繪葡萄成串，玲瓏可愛，皎潔高掛，影尤動人，句更通順。至於「七秋」改為「清秋」，「頓都彫」改為「凍都凋」，命意方明白。

遊戲筆墨，僅靠口耳相傳，拗口令式的詩，更是容易訛傳，這張詩卷是靈圖寺僧戲墨所書，句字雖有出入，但將作者指明為「白侍郎」，頗有益於考證。白居易下世於西元八四六年，姚合下世於西元八四○年（開成五年），距離這張敦煌卷子的書寫年代「乾符四年二月」西元八七七年不遠，寺僧所書應該是可信的。

吾人所以斷定白侍郎是白居易，也是因為卷後的「詩兩首七言」，也是白居易所作，其一是：

醉後閒行湖岸東，馬鞭敲鐙響瓏琮，萬株松樹青山上，拾里沙隄明月中。樓閣漸移當路影，潮頭欲過滿江風，回來未放笙歌散，畫戟

門開蠟燭紅。

今考本詩題為「夜歸」，在白氏文集卷二十，鐵琴銅劍樓藏南宋紹興年刻本、《四部叢刊》影印日本那波本及汪立名校定本「醉後」並作「半醉」；「瓏琮」並作「瓏璁」；「樓閣」並作「樓角」，「回來」並作「歸來」，其餘文字均同。

「醉後閒行湖岸東」，「醉後」今本並作「半醉」，白詩用「半醉」僅一見，即《醉中歸盩厔》詩：「半醉騰騰信馬回」，其餘多用「半酣」，如「半酣迷所在」（《泛春池》）、「半酣忽長歌」（《南亭對酒送春》）、「半酣輕遠程」（《及第後歸覲》）。半醉用以騎馬，醉後只能步行，故《晚春酤酒》詩有「酩酊步行歸」句，白詩中用「醉後」則獨多，如詩題有《醉後重贈晦叔》、《醉後狂言酬贈蕭殷二協律》、《醉後走筆酬劉五主簿》，又《醉中見微之舊卷有感》詩：「檢得君詩醉後吟」；《與諸客空腹飲》詩：「醉後歌尤異」；《初除戶曹喜而言志》：「醉後為君陳」等，敦煌本作「醉後」或近原作。

「鬖瓏琮」各本作「鬖瓏璁」，考瓏璁為明潔貌，皮日休《路臣恨》詩：「滿鬖金瓏璁」，溫庭筠《握柘詞》：「花鬌玉瓏璁」，又貫休《馬上作詩》：「風清襟袖鬖璁瓏」，少見作「瓏琮」者，琤琮為玉石聲，韻部在二冬，於此不合，「璁」則在一東，與本詩所押東、中、風、紅合，敦煌本以音近誤書。

「樓閣」各本作「樓角」，考「樓閣」一詞，白詩中甚愛用，用於聯語者如《曉上天津橋閒望》詩：「星河隱映初生日，樓閣蔥蘢半出煙。」又《答微之誇越州州宅》：「日出旌旗生氣色，月明樓閣在空虛。」又《和微之四月一日作》：「吳宮好風月，越郡多樓閣。」又《江樓晚眺景物鮮奇》詩：「蜃散雲收破樓閣，虹殘水照斷橋梁。」又《江樓早

秋》詩：「樓閣宜佳客，江山入好詩。」又《夜遊西虎丘寺》：「舟船轉云島，樓閣出煙蘿。」但細察各聯，「樓閣」所對為「星河」、「旌旗」、「風月」、「橋梁」、「江山」、「舟船」，所對是屬於對等平行的聯合複詞，本詩以「樓閣」對「潮頭」，顯然與白詩的習慣不合，考白居易《八月三日夜作詩》：「草頭珠顆冷，樓角玉鉤生」，「草頭」正對「樓角」，各本以「樓角」對「潮頭」，以角對頭，較為精准，知敦煌本或以閣、角音近而誤書。此卷詩大抵為寺僧戲錄奇詩之作，草率但憑記憶，每有字誤。

其二是：

平鋪一合錦筵開，連擊三聲盡鼓催，紅蠟燭移桃葉起，紫羅衫動柘枝來。帶垂鈿跨花腰重，帽轉金鈴雪面回，看卻曲終留不住，雲飄雨送向陽台。

考此詩題為「柘枝妓」，在白氏文集卷二十三，文字異動較少，「盡鼓」顯屬誤書，南宋本、那波本、汪本、《全唐詩》本並作「畫鼓」。「鈿跨」，各本均作「鈿胯」，跨，《漢書》引顏師古注為「兩股間」，唐人正通作「胯」用。

「金鈴」，汪本作「金鈿」，金鈿雖妓席所常用，如《東都冬日會諸同年》詩：「妓席儼花鈿」，《代書詩一百韻》：「金鈿耀水嬉」。但「鈿」字已見上句「鈿胯」，則此當以金鈴為確，南宋本、那波本並作「金鈴」，與敦煌本同。

「看卻曲終留不住」，「看卻」字南宋本、那波本、汪本、《全唐詩》本並作「看即」，考「看即」二字，為唐人口語，張相《詩詞曲語辭彙》釋云：「看即，猶雲隨即也。」李賀野歌：「條條看即煙濛濛」，陸龜蒙

《和吳中書事》詩：「吳王看即奉弓招」，張蠙《送友人歸武陵》詩：「看即更離家。」（卷六）詩正謂隨即曲終，難以留住，今傳各本作「看即」為是。

　　另一張原編為伯五五四二號，今改編為伯二四九二號，也是白居易的詩集，首存元白唱和詩各一首，次錄白氏諷諫樂府十五首，樂府各篇沒有小序，也沒有夾注，和今傳各本不同。

　　第一首是《寄元九微之》：

　　永壽寺中語，新昌坊北分，歸來兩行淚，悲事不悲君。忙忙藍田路，一去無消息。計君食宿程，已到商山北？昨夜云四起，千里同月色。曉來夢見君，應是君相憶，夢（中）握我手，問我意何如？答云苦相憶，無人可寄（書）。（覺來）未及說，叩門聲鼕鼕。云是商州使，寄君書一封。枕上忽驚起，顛倒著衣裳。開緘見手札，一紙十三行。上論天謫心，下說離別腸，心腸（都未）盡，不暇序炎涼，云作此書夜，夜宿商山東。獨自挑燈坐，陽城山館中。夜深作書罷，山月影西斜。月中所何有？一樹紫桐花，桐花落地時，花下正相思。慇懃書背後，兼寄桐花詩，桐花詩八韻，意序一何深。以我今朝意，想君此夜心。一章三（遍讀），一句十回吟，珍重八十字，字字化為金。

　　本篇詩題僅五字，而南宋本、《才調集》卷一及汪本詩題並作「初與元九別後，忽夢見之，及寤而書適至，兼寄桐花詩，悵然感懷，因以此寄」，題下又有作者原注「元九初謫江陵」六字，日本金澤文庫本在六字上又多「時」字。《四部叢刊》收那波本詩題與南宋本同，但無題下小注。這些完備的詩題與小注，可能是白氏親手編定前集、後集、續集時所加，而這張敦煌抄本的繕寫，或許在他自編成集之前。

白氏的作品，生前即已傳布廣遠，所以敦煌抄本中的「寄元九微之」是在各本的卷九，而新樂府都在《白氏長慶集》的卷三、卷四，序次與白氏手編的顯然不同，因此詩題與序記都不如白氏晚年自編本完備。

就後代流傳的各本而言，本詩相互間異文甚少，大都與南宋本相同，只有「自去無消息」，那波本「去」字作「云」，顯然為奪落一豎的錯誤。又結尾「憶君此夜心」，「憶」字汪本作「想」，汪本卻與敦煌抄本相同，汪本以舊藏各本校定，其中偶存唐抄本的原貌。

以敦煌本與流傳各本對勘，異文較多，如「歸來兩行淚」，宋本、汪本、那波本、《才調集》「兩」都作「數」，「數」字淚行雖多，但較模糊，作「兩」字則數目明確且愁容具體，明白地繪出歸來時獨自流淚的樣子。

「忙忙藍田路」，宋本、汪本、那波本、《才調集》「忙忙」作「悠悠」。「悠悠」只推測路途的長遠，而「忙忙」則不僅遙想匆促趕路，還能兼述奔波顛沛的情狀。

「一去無消息」，諸本「一」作「自」，考下文「一紙十三行」、「一樹紫桐花」、「一章三遍讀，一句十回吟」，均以「一」字領起成句，本句作「一去無消息」，使全詩的語調先後呼應且統一。

「已到商山北」，諸本「到」作「過」。遙計流離的行程，用「到」字，帶有「是否已到」、「能否到得了」的疑問意味，倍增憐惜之情。

「夢中握我手，問我意何如？」今各本並作「夢中握君手，問君意何如？」「我」字均改作「君」，下文「答云苦相憶，無人可寄書」，「答云」也改為「君言」，原本是君握我手，君在問我；變成我握君手，我在問君。原本是君問我答，變成了我問君答。今各本的「君言苦相憶，無人可寄書」，是元稹說無人可寄書，但是下文明明說有「商州使」送信來，怎麼能說無人寄遞？今各本改字以後已經不通。而上文已有「曉

來夢見君，應是君相憶」，正説君在憶我，因此下文才是君握我手，君問我意，詩意才相貫聯。由於君問我意，所以「答云」是我答，我答無人可寄書，是因為你正在路上奔波，無從寄起，只有等你來信。敦煌本幸好保存這個「我」字，使千餘年來的謬誤得以改正回來。

「叩門聲鼕鼕」，金澤本及《才調集》保存原貌作「鼕鼕」，宋本汪本及那波本並作「冬冬」，鼕、冬均為狀聲詞，本可通用，但白居易《詩醉後走筆酬劉五主簿》：「鼕鼕街鼓紅塵暗」，又《答元八宗簡同遊曲江後明日見贈》：「夕鼓鼕鼕聲」，是「鼕鼕」為白詩所常用，且元稹和韻詩亦云：「城上鼓鼕鼕」，正用白詩「鼕」韻。

「云是商州使，寄君書一封」，各本「云」作「言」、「寄」作「送」，意同無別。

「上論天謫心」，今各本「天」並作「遷」。考「遷謫」一詞，白詩《憶洛下故園》曾有「潯陽遷謫地」句，又《商山路驛桐樹昔與微之前後題名處》詩有「與君前後多遷謫」句，又《和微之思歸樂》：「誰謂譴謫去」，及司天台時：「上凌下替謫見天」，是遷謫、譴謫與天謫聲音相近。但「天謫」或別取李白「天上謫仙」意。白居易《簡簡吟》：「恐是天仙謫人世」，又《酬吳七見寄》：「謫作人間仙」，並用此典。再則如《山石榴寄元九》詩，正有「謫仙初墜愁在世」、「通州遷客元拾遺」句，用謫仙比元九，而元稹亦呼樂天為謫仙，在《酬樂天待漏入閣見贈》詩：「謫仙名籍在，何不重來還」，亦取天謫意，則本詩原作「天謫」或亦有據。

「夜宿商山東」，今各本「山」並作「州」，考使者之來，可言「商州使」，夜行投宿，則當言「商山東」，下文有「陽城山館中」，是商山的山館；下文有「山月影西斜」，是商山的山月。白居易曾作《仙娥峰下》詩：「我為東南行，始登商山道」，是行往東南，首宿商山之證，

又白詩有《山石榴寄元九》詩，形容「通州遷客」、「初貶江陵」時，亦有「商山秦嶺愁殺君」句，又《和微之陽城驛》詩：「商山陽城驛，中有嘆者誰，云是元監察，江陵謫去時。」則本詩以作「商山」為確，故元詩和韻有「我上秦嶺南」、「商山好顏色」等句，復考元詩《西歸絕句》十二首之二：「兩紙京書臨水讀，小桃花樹滿商山。」下附小注：「得復言，樂天書」，又《感夢》詩：「今夜商山館中夢」，又《歸田》詩：「我亦今年去，商山浙岸村。」並作商山，可為佐證。

「獨自挑燈坐」，各本均作「獨對孤燈坐」，獨對孤燈僅為靜態的畫面，獨自挑燈則為動態的演示，敦煌本所寫為佳，且《長恨歌》有「孤燈挑盡未成眠」句，正與此句意同。

「夜深作書罷」，各本「罷」作「畢」，用意相近。唯《元微之和樂天韻》亦作「天明作書罷」，「書罷」共用三次。而白詩效陶潛體：「下筆不能罷」，亦喜用罷字。

「山月影西斜」，各本「影」並作「向」，向字抽象，影字具體，且用「影」可概括「向」意，而意象明確。白居易《食後》詩：「舉頭看日影，已復西南斜」，其中正嵌有「影西斜」三字。

「月中所何有」，宋本、那波本、《才調集》作「月前何所有」，汪本、《才調集》本作「月下何所有」，意本相近，白居易《齊物》詩「中間復何有」句，與敦煌本相近。

「桐花落地時」，各本「落地」作「半落」，或以下句為花下相思，故桐花未全落地，因而改作「半落」，其實桐花落地，樹上未必無花，而白詩用「落地」者如《惜牡丹花》：「晴明落地猶惆悵」。

「花下正相思」，各本「花下」並作「復道」，或謂桐花既落地，則不當謂在花下相思，故改為「復道」。考「花下」二字，白詩所常用，如《早蟬》詩：「宮槐花下聽」、《三月三十日題慈恩寺》：「紫藤

花下漸黃昏」、《酬哥舒大見贈》：「花下忘歸因美景」、《花下對酒》詩：「何必花下杯」。

「慇懃書背後」，各本「慇懃」作「殷勤」，《才調集》作「慇懃」，意本相同，白詩亦多互用之例，如《贈別崔五》詩：「是日重殷勤」，而《重過壽泉憶與楊九別時因題店壁》：「慇懃吟此篇。」「慇懃」或作「殷勤」，而同時的元稹詩中，「慇懃」與「殷勤」亦通用，如《何滿子歌》：「纏綿疊破最慇懃」，《新秋》詩：「殷勤寄牛女」。

「意序一何深」，各本「意序」並作「思緒」，考白詩《渭村酬李二十見寄》：「形容意緒遙看取」，白氏曾讀關盼盼《燕子樓》詩：「瑤瑟玉簫無意緒」，是意序即意緒，為白詩所常用。

「想君此夜心」，「想」字，宋本、那波本、《才調集》並作「憶」，但金澤本、《才調集》本及汪本並作「想」，與敦煌本同，且《元微之和韻》詩「想君書罷時」亦作「想」。

在白氏《寄元九微之》詩後，即附抄《和樂天韻同前》詩一首，為元稹所作，敦煌本為：

新昌北門外，與君從此分。街衢走車馬，塵土不見君。君分為有別，我為愁不息。我上秦嶺南，君直樞星北。秦嶺高崔嵬，商山好顏色。月照山館花，裁書寄相憶。天明作書罷，草草從所如。憑人寄將去，三月無報書。荊山白日晚，城上鼓鼕鼕。行逢賀州牧，致書三四封。題書樂天字，未坼已沾裳。坼書八九讀，落淚千萬行。中有酬我詩，句句截我腸。仍云得書夜，夢我魂淒涼。終言作書處，上直金鑾東。詩書費一夕，萬恨緘其中。中霄月宮出，又見月宮斜。書罷月亦落，曉燈垂暗花。想君書罷時，南望勞所思。況我江上立，吟君懷我詩。我懷浩無極，江水秋正深。清見萬里底，照我平生心。感恩求友

十，因報疾生吟。持謝眾人口，銷盡猶是金！

　　校勘元稹的詩，所用的詩集善本，如《四部叢刊》初編據江南圖書館藏明嘉靖刊本《元氏長慶集》（以下簡稱嘉靖本），及北京文學古籍刊行社用明弘治元年楊循吉景宋傳鈔本《元氏長慶集》（以下簡稱楊本），這二本集子的詩題都作《酬樂天書懷見寄》，題下並有小注：「本題云：初與微之別後，忽夢見之，及寤而微之書至，兼覽桐花之什，悵然書懷，此後五章，並次用本韻」，唱酬之本末，在題下注得很詳細。若白詩小題為後來整理時所加，則本詩下小注亦為後來所加添。敦煌本傳鈔在前，不如後來完備。

　　以敦煌本與嘉靖本楊本相校勘，異文不少，如「君分為有別，我為愁不息」，嘉靖本、楊本並作「君為分手歸，我行行不息」，意本相似，但敦煌本句意相對，「有別」與「不息」較為勻整，其下「我上秦嶺南，君直樞星北，秦嶺高崔嵬，商山好顏色」均為駢儷句型。

　　「裁書寄相憶」、「天明作書罷」，嘉靖本、楊本「書」均作「詩」，考白氏原唱如「無人可寄書」、「寄君書一封」、「云作此書夜」、「夜深作書罷」等均作「書」，此亦以作「書」為宜。唱和二詩的韻腳及詞彙，均可作校勘上最有力的證據。

　　「荊山白日晚」，嘉靖本、楊本「荊山」均作「荊州」，考荊州北據荊山，地本相近，但元稹詩中的荊山，如《江邊》詩：「方礎荊山采，修椽郢匠刨」，《出門行》詩：「兄上荊山巔，翻石辨虹氣」，荊山以卞和得玉著名，都用作采玉意，不宜泛稱為荊州之山。而元詩《感石榴二十韻》：「唯我荊州見」，《書樂天紙》：「乞與荊州元判司」，《酬友封話舊敘懷十二韻》：「荊州且共依」，又白詩《和微之思歸樂》：「荊州又非遠，驛路半月程」正寫此事，則本詩應作「荊州」。

　　「題書樂天字」，嘉靖本、楊本均作「封題樂天字」，考本詩中「書」字每改作「詩」，此句「書」字亦被改，別考元稹《酬樂天東南行詩一百韻》：「書題盡已於」，「書題」、「題書」正元詩常用。

　　「落淚千萬行」，嘉靖本楊本「落淚」並作「淚落」。

　　「仍云得書夜」，嘉靖本楊本「書」作「詩」，書每改作詩，已見前證。

　　「中霄月宮出，又見月宮斜」，嘉靖本、楊本均作「中宵宮中出，復見宮月斜」，「霄」為「宵」的俗寫，「中宵宮中出」，二個「中」字，不很順口，且陡然冒出「中宵宮中出」是指誰呢？即使被貶，也不至於中宵出於宮中，文義顯然不通。詩意是說：自中霄月宮初出，至於月宮斜，終至「月亦落」，正見得整夜苦吟，與上文「詩書費一夕」相照應。

　　「我懷浩無極」，嘉靖本、楊本均作「懷我浩無極」，以為上文「吟君懷我詩」，於是下接「懷我浩無極」，像是頂真，其實「我懷浩無極」是下連「江水秋正深，清見萬丈底，照我平生心」，則「浩無極」的正是在江上立著的「我懷」，不是「南望勞所思」的「懷我」。且考元稹詩中，如《解秋》十首之十：「我懷有時極」，「秋懷方浩然」，《江陵三夢》之一：「此懷何由極」，句法相似，作「我懷」為是。

　　「感恩求友十，因報疾生吟」，嘉靖本、楊本「恩」作「君」、「十」作「什」、「疾生」作「壯士」。考元稹詩中，《和樂天初授戶曹喜而言志》：「感君求祿意」，《聽庾及之彈烏夜啼引》：「感君此曲有深意」，《江陵三夢》之一：「感君下泉魂」，句法相似，均作「感君」，且詩意謂感君求友朋之篇章，因以吟章相報，則自以作「感君」為確。「十」作「什」者，因《詩經·雅頌》以十篇為「什」，後人轉為詩篇的代稱，考元稹《桐花》詩：「君聞祈招什」，又《酬樂天江樓夜吟積詩因成三

十韻》：「裁什情何厚」，白詩《和雉媒》亦云：「吟君雉媒什」，又《馬上作》：「高聲詠篇什」，均作「什」，不作「十」，則此亦當作「什」。「因報疾生吟」，「疾生」當為自指的謙稱，「感君求友什」，則因以疾生所吟相報，似不當作「壯士」。

在元稹的詩後，接著抄寫諷喻詩十六首，第一首是「上陽人」，敦煌本原文是：

上陽人，紅顏暗老白髮新，綠宮監使守宮門，一閉上陽來幾春。玄宗末歲初選入，入時十（六今六十），同時采擷百餘人，零落年深殘此身，憶昔吞悲別親族，扶入車中不敢哭，皆云入內並承恩，臉似破蓮胸似玉。未容君王得見面，已被楊妃遙側目。妒令潛配上陽宮，一生遂向空床宿。秋夜長，夜長無睡天不明，耿耿殘燈背壁影，蕭蕭暗雨灑窗聲。春日遲，日遲獨坐天難暮，宮鶯百囀秋厭聞，梁燕雙棲老休妒，鶯歸燕去長悄然，春往秋來不記年。唯向深宮望明月，東西四五百回圓。今日宮中年最老，天家遙賜尚書號，小頭鞋履窄衣裳，青黛畫眉眉細長，外人不見見應笑，天寶年中時世妝。上陽人，苦最多，少亦苦，老亦苦，少老苦，兩如何？君不見昔時呂（向）美人賦，又不見今日上陽人白髮歌！

詩題宋本、那波本均多「白髮」二字，作「上陽白髮人」，敦煌本、諷諫本（光緒十九年影宋本新雕校證大字白氏諷諫）、汪本、時賢本均無白髮，敦煌抄本的諷諫詩，均以三字為題，但陳寅恪云：「考此篇乃樂天和微之作者，微之詩題諸本既均作上陽白髮人，則似有白髮字者為是。」（《元白詩箋證稿》第五章）

「上陽人」諷諫本、汪本此句重疊，汪本於新樂府首句多重疊，以

加深吁嘆的功用，敦煌本都不重疊。

「綠宮監使守宮門」，諷諫本「綠宮」作「六宮」，考宋本載白氏自注有「六宮有美色者，輒置別所，上陽是其一也」語，則「綠宮」應為「六宮」，音同誤寫，作「六宮」才對，宋本可能以為唐抄「綠宮」不通，才改為「綠衣」。

「一閉上陽來幾春」，「來幾」二字，諸本多作「多少」，獨宋刻諷諫本與敦煌本同，今據下文有「玄宗末歲初選入，入時十六今六十」句，既有確定年限為答案，則作「來幾春」較好。且白詩問年月喜用「來幾」字樣，如《首夏病間》：「我生來幾時」，《寓意詩》五首之三：「分飛來幾時」，《閉關詩》：「掩關來幾時」，《贈別宣上人》：「修道來幾時」，《早秋晚望兼呈韋侍郎》：「去國來幾時」，《溪中早春》：「東風來幾日」，《青龍寺早夏詩》：「春去來幾日」，例多毋庸全舉。

「同時采擷百餘人」，擷，各本作擇。擷有「挑」的意思，擷是摘的俗寫，摘帶有強迫取下的意味，於詩意較合，諷諫本作摘與敦煌本同。

「扶入車中不敢哭」，各本「敢」多作「教」，唯高野本（日本鎌倉時代高野山三寶院藏新樂府本）、猿投本（日本觀應三年文和二年書寫本）、管見抄本（日本康元元年至正元元年抄本）皆同敦煌本，白詩喜用「不敢」，如《李都尉古劍》詩：「愛之不敢求」，《百煉鏡》：「人間臣妾不敢照」，《折臂翁》：「夜深不敢使人知」，《司天台》：「眼見心知不敢言」，《海漫漫》：「不見蓬萊不敢歸」，例多毋庸全舉。

「皆云入內並承恩」，宋本、汪本、那波本「並」作「便」，諷諫本、樂府本、神田本、時賢本、高野本、猿投本、管見抄本「並」作「必」，其實「並」是就「採摘百餘人」全體來說的，哄著說被選的人，都將承恩。比用「必」字那麼肯定要好，欺人的話，說得太肯定，反

而顯得無情。

「臉似破蓮胸似玉」，「破蓮」各本多作「芙蓉」，諷諫本則作「紅蓮」，破蓮一詞，似覺生綻，但考白集，如《龍昌寺荷池》：「殘紅半破蓮」，正作「破蓮」，又《開襟》詩：「紅破蓮芳墜」，《池上》詩：「荷破葉猶青」，白詩對荷蓮多喜用破字。

「一生遂向空床宿」，宋本、那波本、諷諫本「床」作「房」，然日本抄本如神田家藏抄本、高野本、猿投本、管見抄本並與敦煌本同。白詩用「空床」者，如《嘉陵夜有懷》：「獨臥空床好天氣」。

「秋夜長，夜長無睡天不明」，宋本、那波本、諷諫本「睡」並作「寐」，然日本古抄如神田本、高野本、猿投本及管見抄本，並與敦煌本同。白詩屢用無睡，少用無寐，如《不睡》詩：「年衰自無睡」，《獨眠吟》：「夜長無睡起階前」，「夜長無睡」四字與本詩正同。

「蕭蕭暗雨灑窗聲」，宋本、那波本「灑」並作「打」，唯諷諫本與敦煌本同。考白詩云「雨打」僅一見，即《吳櫻桃》：「可惜風吹兼雨打」，雲風霰打者亦一見，即《和自勸》二首：「風霰蕭蕭打窗紙」。此為「暗雨」，似宜云「灑」，白詩言雨灑者極多：《期宿客不至》：「風飄雨灑簾帷故」，《和三月三十日四十韻》：「雨師習習灑」，《題盧秘書夏日新栽竹二十韻》：「珠灑雨珊珊」，《孤山寺遇雨》：「灑葉雨聲繁」，《履道春居》：「微雨灑園林」，《長安早春旅懷》：「雨灑輕黃柳條濕」。

「宮鶯百囀秋厭聞」，各本「秋」均作「愁」，春日遲不當有秋字，敦煌本誤書。

「天家遙賜尚書院」，宋本、那波本等「天家」並作「大家」，唯日本古抄本如神田本、高野本、猿投本作「天家」，尚存唐時原貌。平岡武夫云：「天各本作大，非是。獨斷云：『天家，百官小吏之所稱。天子無外，以天下為家，故稱天家』。」

「青黛畫眉眉細長」，宋本、那波本等「畫」作「點」，諷諫本及日本古抄神田、猿投諸本與敦煌本同。考《時世妝》詩：「雙眉畫作八字低」，眉云畫不云點。

「天寶年中時世妝」，宋本、那波本、諷諫本等「年中」並作「末年」，唯日本古抄神田、高野等與敦煌本同。「時世」，宋本、那波本同，盧校本（盧文弨以影宋本及嚴刻諷諫相校本）改作「時樣」，而平岡武夫據日本古抄改作「時勢」，考元稹《有所教》詩：「人人總解爭時勢」，時勢者，陳寅恪謂「人人爭為入時之化妝」。但白氏另有「時世妝」詩，《和夢遊春詩一百韻》亦云：「時世寬妝束」，又《代書詩一百韻寄微之》：「時世斗啼眉」，皆作「時世」，似不必改，意並相通。

「少老苦，兩如何」，宋本、那波本等並作「少苦老苦兩如何」，唯宋本《樂府詩集》與敦煌本同。

「昔時呂（向）美人賦」，敦煌本「向」字奪漏，高野本及汪本「呂向」誤為「呂尚」。考宋本詩中有小注：「天寶末有密采豔色者，當時號花鳥使，呂向獻美人賦以諷之。」呂向美人賦見《文苑英華》卷九十六，呂向事亦見《新唐書・文藝傳》，則敦煌本所奪漏者為「向」字。

「又不見今日上陽人白髮歌」，宋本、那波本無「人」字，諷諫本汪本則「人」字作「宮人」。

「百煉鏡」，敦煌本是：

百煉鏡，容範非常規，日辰處所靈且奇，江心波上舟中鑄，五月五日（日）午時，瓊粉金膏磨瑩已，化為一片秋潭水，鏡成將獻蓬萊宮，鈿函珠匣鏁幾重，人間臣妾不敢照，（背有）五色飛天龍，人人呼云天子鏡，我有一言聞太宗，太宗常以人為鏡，鑑古鑑今不鑑容，四海安危照掌內，百王理化懸心中，乃知天子別有鏡，不是揚州百煉銅。

　　「容範非常規」，宋本、那波本「容」作「鎔」，唯神田本與敦煌本同。

　　「日辰處所靈且奇」，宋本、那波本「奇」作「衹」，平岡武夫云：「奇各本誤衹」，諷諫本與日本古抄上野諸本與敦煌本同。

　　「鈿函珠匣鏁幾重」，宋本、那波本並作「楊州長史手自封」，日本古抄如神田、上野本作「鈿匣珠函鏁幾重」，諷諫本作「鈿函金匣」，考白氏《鏡換杯》詩：「欲將珠匣青銅鏡」，正作「珠匣」，與敦煌本同。

　　「人間臣妾不敢照」，宋本、那波本「敢」作「合」，唯日本古抄本及《文苑英華》本作「敢」，與敦煌本同，白詩喜用「不敢」，例已見前。

　　「背有五色飛天龍」，宋本、那波本「五色」作「九五」。

　　「人人呼云天子鏡」，各本「云」作「為」。

　　「四海安危照掌內」，各本「照」作「居」，日本古抄神田、上野本等與敦煌本同。

　　「百王理化懸心中」，宋本、那波本「理化」作「治亂」，日本古抄神田、上野等本作「理亂」，理化似較生綻，但考敦煌寫本斯四六五四號《舜子變文》首句即云「姚王裡（理）化之時」，是「理化」為唐人之口語。

　　「兩珠閣」，敦煌本是：

兩珠閣，南北相併起。借問何人家，貞元雙帝子。帝子吹簫雙得仙，五雲飄搖飛上天。第宅亭台不將去，化為佛寺在人間。妝閣妓台何寂靜，柳似舞腰池似鏡。花落黃昏悄悄時，不聞歌吹聞鐘磬。寺門敕牓金字書，尼院佛亭寬有餘。青苔明月多閒地，比屋齊人何處居。憶昨平陽宅初置，各並平人幾家地。仙去雙雙作梵宮，漸恐人家盡為

寺。

　　「南北相併起」，宋本、那波本「並」作「對」，日本古抄神田、上野、猿投等本與敦煌本同。

　　「妝閣妓台何寂靜」，宋本、那波本「台」作「樓」，白詩「妓樓」多寫生前熱鬧，如《題周皓大夫新亭子二十二韻》：「梯上妓樓春」，《餘杭形勝》詩：「教妓樓新道姓蘇」。用「妓台」則或是曹操銅雀台妓事，白詩《和思歸樂》曾用此典：「魏武銅雀妓，日與歡樂並，一旦西陵望，欲歌先涕零。」而本詩主要在說德宗的兩位公主薨後，將第宅改為佛寺事，既是薨後之事，似宜作「妓台」。

　　「比屋齊人何處居」，宋本、那波本「齊」作「疲」，「何」作「無」，諷諫本、《英華》本同敦煌本。平岡武夫據日本古抄本，以為作「齊」為是。今按作「疲」，則「疲人」即「疲民」意，避諱改民為人，白詩《自到郡齋僅經旬日走筆題二十四韻》：「且願活疲民」，《初下漢江舟中作寄兩省給舍》：「恤隱安疲民」，是「疲民」亦白詩所常用。《英華》本又存「何處居」異文，與敦煌本同。白詩常喜用「何處」，例多毋庸贅舉。

　　「各並平人幾家地」，宋本、那波本「各」作「吞」。

　　「漸恐人家盡為寺」，宋本、那波本「人家」作「人間」，諷諫本、《英華》本與敦煌本同。日本古抄神田、上野、猿投諸本亦作「人家」，前已有「平人幾家」語，疑此當作「人家」，且白詩《百花亭》：「佛寺乘船入，人家枕水居」，用「人家」，正將「人家」與「佛寺」對舉，與本詩「人家」與「為寺」對舉相同。

　　「華原磬」，敦煌本是：

　　華原磬，今人不聽古人聽，泗濱石，今人不擊古人擊，今人古人何不同，舍之用之如樂工，樂工豈在耳如壁，不分清濁即為聾。梨園弟子調律呂，知有新聲不如古，始稱浮磬出泗濱，立辯致死能感人，宮商一聽華原磬，君王遂忘封疆臣，果然胡寇從燕起，武臣少肯封疆死，始知樂與時政通，豈聽鏗鏘而已矣，磬襄入海去不歸，長安市人為樂師，華原磬與泗濱石，清濁兩音誰得知。

　　「華原磬」、「泗濱石」，宋本、那波本等三字各重出。

　　「今人不聽古人聽」，宋本、那波本均作「古人不聽今人聽」，平岡武夫謂「古人今人，敦煌本誤易」，考「華原磬」是濁音，是新聲，君王一聽遂傾國，所以當說「古人不聽今人聽」。至於「泗濱石」，則是清音，是古聲，所以當說「今人不擊古人擊」，梨園弟子知道華原磬的新聲不如古，才詭稱浮磬出泗濱，其實清濁兩音相差甚遠，樂工不可不辯。如此說來，華原磬句下應該是「古人不聽今人聽」，平岡武夫所說「敦煌本誤易」是對的。

　　「舍之用之如樂工」，宋本、那波本舍用二字互易，「如」作「由」。華原磬在前曰「舍之」，泗濱石在後曰「用之」，按之文理，敦煌本作「舍之用之」為佳。

　　「知有新聲不如古，始稱浮磬出泗濱」，「如古」宋本同，那波本誤為「知古」。「始稱」宋本、那波本誤為「古稱」，說見前「今人」條下，敦煌本正確，文理甚順，今本幾不可通。

　　「立辯致死能感人」，宋本、那波本「能」字作「聲」，諷諫本，時賢本及高野所校本，與敦煌本同。

　　「宮商一聽華原磬」，宋本、那波本等「商」誤作「懸」，「宮懸一聽」不通，諷諫本遂改為「玄宗一聽」，今見敦煌本方知原文為「宮商

　　一聽」。「磬」，宋本、那波本作「石」，唯諷諫本及猿投本與敦煌本同。

　　「清濁兩音」，宋本、那波本「音」作「聲」。諷諫本、《英華》本、汪本均作音。考白氏《夜琴》詩：「楚絲音韻清」；《江樓夜吟元九律》詩：「清楚音諧律」，正言清者為音，不言「聲」。

　　「道州民」，敦煌本是：

　　道州民，多侏儒，長者不過四尺餘，市作矮奴年進送，號為道州任土貢，任土貢，寧若斯，不聞使人生別離，一自楊誠來守郡，不進矮奴頻詔問，誠云臣按六典書，任土貢有不貢無，道州水土所生者，只有矮民無矮奴，吾君感悟璽書下，歲進矮奴宜悉罷，道州民，老者少者何欣欣，父子兄弟始相保，從此得作良人身，道州民，民到於今受其賜，欲說使君先下淚，猶恐兒孫忘使君，養男多以楊為字。

　　「長者不過四尺餘」，宋本、那波本「四」作「三」，考長者不過四尺餘，則短者尤矮，若長者不過三尺，則矮者如何？宜以作四尺為確。

　　「不聞使人生別離」句下，宋本、那波本有「老翁哭孫母哭兒」七字句，有此七字，下文「老者少者何欣欣」始有著落，敦煌本奪此七字。

　　「一自楊誠來守郡」宋本、那波本「楊誠」並作「陽城」，下「誠云臣按六典書」，「誠」字宋本、那波本亦作「城」，時賢本誤作「成」，諷諫本又誤作「咸」。下文「養男多以楊為字」，「楊」字宋本、那波本亦作「陽」，後人臆想「楊誠」較合乎人名，不知此人名正同地名之「陽城」，考《舊唐書》卷一百九十二及《唐書》卷一百九十四，德宗時國子司業陽城遷道州刺史，順宗初卒。而白詩贈樊著作：「陽城為諫議，

以正事其君」，正指其人，又白詩和陽城驛詩亦敘及陽公道州事，是人名與地名同，字當作「陽城」。

「老者少者何欣欣」，宋本、那波本「少者」作「幼者」，意近。白氏《晚春酤酒》詩：「我老無少時」，《松齋自題》：「非老亦非少」，喜以老少相對。

「別母子」，敦煌本是：

母別子，子別母，白日無光哭聲苦，關西驃騎大將軍，去年破虜新策勛，敕賜金錢二百萬，洛陽迎得如花人，新人迎來舊人棄，掌上蓮花眼中刺，迎新棄舊未足悲，悲在君家留二兒，一始扶行一初坐，坐啼行哭牽人衣，以爾夫婦新嬿婉，使我母子生別離，不如林下烏與鵲，母不失雛雄伴雌，應似園中桃與李，花落隨風子在枝，報新人，新人聽我語，落陽無限紅樓女，但願將軍更策勛，別有新人勝於汝。

「以爾夫婦新嬿婉」，宋本、那波本「爾」並作「汝」，考白詩喜用爾字，尤以寫諷諫詩時多用爾，如《陵園妾》：「我爾君恩何厚薄」，《鹽商婦》：「問爾因何得如此」，《紫毫筆》：「爾知紫毫不易改」，《秦吉了》：「人云爾是能言鳥」，《贈能七倫》：「徒為爾知音」，《東園玩菊》：「為爾一留連」，例多毋庸盡舉。

「不如林下烏與鵲」，宋本、那波本「下」並作「中」，日本古抄神田、上野本作「下」，平岡武夫謂「下各本誤中」，考下文為「園中」，此則謂林下，相對成文，用「中」則重複。又考白詩喜用「林下」，如《效陶潛體》十三首：「林下棄劉伶」，《勸酒寄元九》：「林下學楞伽」，《題贈定光上人》：「林下秋復春」，《東都冬日會諸同年宴鄭家林亭》：「助歌林下水」，《春村》：「黃昏林下路」，《引泉》：「靜掃

林下地」，《春盡勸客酒》：「林下春將盡」，例多毋庸盡舉。

「應似園中桃與李」，宋本、那波本「桃與李」作「桃李樹」，上文為林下烏與鵲，此文為園中桃與李，相對成文。

「報新人，新人聽我語」，宋本、那波本並作「新人新人聽我語」七字。

「落陽」為「洛陽」筆誤，上文已有「洛陽」不誤，洛陽女兒為美女之代稱，王維有《洛陽女兒行》，首句為「洛陽女兒對門居」，《梁武帝河中之水歌》，已有「洛陽女兒名莫愁」句，白氏亦有《勸我酒》詩：「洛陽女兒面似花」，是「畫閣朱樓」中的洛陽女，有華貴家庭的身世。

「但願將軍更策勛」，宋本、那波本，「更策勛」作「重立功」，諷諫本及《唐文粹》本作「更立勛」，與敦煌本相近，按前文為「新策勛」，故此以「更策勛」為宜。

「草茫茫」，敦煌本是：

草茫茫，土蒼蒼，蒼蒼茫茫在何處，驪山腳下秦皇墓，（墓中下涸二重泉，當時自以為深）錮，下流銀水作江海，上掇珠光作狐兔，別為天地於（其間，擬將富貴）隨身去，一朝盜掘墳墓破，龍槨神堂三月火，可憐寶玉歸入間，暫借泉中買身禍，奢者狼藉儉者安，一吉一凶在眼前，憑君回目向南望，漢文葬在灞陵原。

「當時自以為深錮」，宋本、那波本「錮」作「固」，考《史記·始皇本紀》「穿三泉，下銅而致槨」，徐廣注曰：「銅，一作錮，錮，鑄塞。」梁玉繩《史記志》疑云：「作錮者也是，劉向說此事云：下錮三泉。」據此則上句當作「下錮三重泉」，此句作錮，亦正存《史記》舊

貌，白氏所見《史記》，作「錮」而不作「銅」。

「下流銀水作江海」，宋本、那波本「銀水」作「水銀」，平岡武夫謂：「蓋以銀水偶珠光，互倒者，後人求合於始皇本紀而改。」據此則詩文當作銀水。「作」，宋本、那波本作「象」，諷諫本作「似」，意相近。

「上掇珠光作狐兔」，宋本、那波本等「狐」並作「烏」，考「狐兔」字，白詩亦用，如《新昌新居書事四十韻因寄元郎中》：「狐兔同三徑」，唯此云珠光作狐兔則含義不倫。《史記・秦始皇本紀》云：「以水銀為百川江河大海，機相灌輸，上具天文，下具地理」，地理或即「下流銀水作江海」，而天文或即此句「上掇珠光作狐兔」，狐兔與天上三光無涉，而「烏兔」則指日月，白氏《勸酒詩》云：「天地迢遙自長久，白兔赤烏相趁走」，正用烏兔為日月，據此則敦煌本誤「烏」為「狐」。

「一朝盜掘墳墓破」，宋本、那波本等「墓」並作「陵」。墳墓二字，白詩屢用，如《朱陳村》：「墳墓多繞村」，唯本詩以秦始驪山、漢文灞陵為說，故改「墳墓」為「墳陵」，以切合身分。

「憑君回目向南望」，宋本、那波本等「目」作「首」，諷諫本、《樂府詩集》及日本古抄並作「眼」，眼與目雖同意，但白氏晚年詩篇多用「回眼」，少用「回目」，如《有雙鶴留在洛中忽見劉郎中依然鳴顧絕句答之》：「未曾回眼向雞群」、《醉後重贈晦叔》：「笑回青眼語」，均用回眼。

「天可度」，敦煌本是：

天可度，地可量，唯人之心不可防，但見丹誠赤如血，誰知偽言巧如簧，勸君掩鼻君莫掩，使君夫婦成參商，勸君掇蜂君莫掇，使君父子成豺狼，海底魚兮天上鳥，高可射兮深可釣，唯人之心相對時，

咫尺之間不能料，君不見李義府之輩笑欣欣，笑中有刀潛煞人，陰陽神變皆可測，唯不測人間笑是嗔。

「唯人之心不可防」，宋本、那波本作「唯有人心不可防」，日本古抄神田、上野、管見抄本等同於敦煌本。

「使君夫婦成參商」，宋本、那波本「成」作「為」。考白氏《太行路》詩：「與君結髮未五載，豈期牛女為參商」，二詩意近。

「唯人之心相對時」，宋本、那波本作「唯有人心相對時」，意亦近。

「唯不測人間笑是嗔」，宋本、那波本無「唯」字，日本古抄神田、上野、猿投諸本，與敦煌本同。「嗔」，宋本、那波本均作「瞋」。

「時世妝」，敦煌本是：

時世妝，時世妝，出自城中傳四方，時世流傳無遠近，鰓不施朱面無粉，烏膏唇，膏唇恰似泥，雙眉畫為八字低，妍媸黑白失本態，妝成遣似含悲啼，圓圓無鬢椎髻樣，斜紅不暈赭面狀，昔聞被髮伊川中，辛有見之知有戎，元和新妝君記取，髮椎面赭非華風。

「時世流傳無遠近」，宋本、那波本「傳」作「行」，蓋因發現與上句「傳四方」重出傳字而改。

「烏膏唇，膏唇恰似泥」，敦煌本原為膏字、唇字下各加一點，以示重出。諷諫本作「烏膏唇如泥」，宋本、那波本作「烏膏注唇唇似泥」，白氏樂府中常出現三字句，敦煌本或存原貌。

「妝成遣似含悲啼」，宋本、那波本「遣」並作「盡」。

「圓圓無鬢椎髻樣」，圓當為鬟之俗寫，宋本、那波本作「鬟」。

「椎髻」宋本、那波本誤作「堆髻」，陳寅恪嘗舉《新唐書》三四《五行志》云：「元和末，婦人為圓鬟椎髻」，又舉《漢書》九十五《西南夷傳》：「此皆椎」下顏師古注：「為髻如椎之形也」，則敦煌本作「椎髻」為確，末句「髻椎面赭非華風」，宋本、那波本「椎」字亦誤作「堆」。

「元和新妝君記取」，宋本、那波本「新妝」作「妝梳」。

「司天台」，敦煌本是：

司天台，仰觀俯察天人際，曦和死來人事廢，官不求賢唯取藝，昔聞西漢元成間，上凌下替讁見天，五神微暗少光色，四星煌煌如火赤，耀芒振角射三台，上台半裂中台坼，是時非無太史官，眼見心知不敢言，明朝趨入明光殿，唯奏慶雲壽星見，天文時變兩若斯，九重天子不得知，九重天子不得知，焉用司天百尺圍。

「曦和死來人事廢」，宋本、那波本「人」作「職」。

「官不求賢唯取藝」，宋本、那波本「唯」作「空」。

「五神微暗少光色」，宋本、那波本「五神」作「北辰」，五神或謂木、火、土、金、水五行及五行之神，五行氣行於天，質具於地，白氏此詩假西漢元成之際以喻唐時，考《漢書‧元帝紀》初元三年白鶴館火災，下詔云：「不燭變異，咎在朕躬，群司又未肯極言。」又四年六月日蝕，詔云：「直言盡意，無有所諱。」或即白詩所據故事以諷今之司天台者曲媚主上，不肯上言災變。白詩作於元和四年，是年憲宗以久旱下罪己詔，白氏即建言免賦及出宮人，上皆從之，故有元成之際的感興。元成之際，水災、地震、石鳴、彗星，不一而足，此建昭四年詔書坦承「陰陽不調，五行失序」，鴻嘉元年詔書坦承「陰陽錯

謬，寒暑失序，日月不光」，按此史實，五行之神失序微暗，故當作「五神微暗少光色」。

「耀芒振角射三台」，宋本、那波本「振角」作「動角」，考「芒角」是星四周的光角，《漢書・天文志》謂賊星大而赤，數動有光，孟康曰：「形如彗芒九角」，芒角一詞，用「振」或「動」意本相近。上句言「四星煌煌如火赤」者，《漢書・成帝紀》元延元年四月丁酉，「無云有雷聲，光耀耀四面下至地，秋七月，有星孛於東井」。又《五行志》謂是時有流星頭大如缶，長十餘丈，皎然赤白色。

「上台半裂中台坼」，宋本、那波本「裂」作「滅」，意亦相近，這裡説三台滅裂，考《漢書・五行志》元延元年：「有星孛於東井，踐五諸侯。」而《武帝紀》元封元年秋「有星孛於東井，又孛於三台，齊王閎薨。」《五行志》又説：「其後江充作亂，京師紛然，此明東井三台為秦地效也。」成帝時星孛於東井，以東井近於三台，故白詩藉以為説，王侯薨薨，逆賊作亂，因此或云裂，或云坼。

「天文時變兩若斯」，宋本、那波本「若」作「如」。

「九重天子不得知」，敦煌本重二句，宋本、那波本下重句省為「不得知」三字。

「焉有司天百尺圍」，宋本、那波本作「安用台高百尺為」，日本古抄神田、高野、猿投諸本並有「司天」字，作「安用司天台高百尺為」，敦煌本「為」誤作「圍」。

「胡旋女」，下有小注：「天寶年中外國進來」，敦煌本是：

　　胡旋女，心應弦，手應鼓，鼓一聲，雙袖舉，回雪飄搖轉蓬舞，左旋右轉不知疲，千匝萬周無已時，弦催鼓促曲已畢，奔車轉緩旋車遲，曲終再拜謝天子，天子為之微啟齒，胡旋女，外國來此居，途勞

東方萬里餘，中原自有胡旋者，鬥妙爭能爾不如，天寶末年時欲變，臣妾人人學圓轉，中有太真外祿山，二人最道能胡旋，梨花（園中冊）作妃，金（雞障）下養為兒，祿山胡旋迷君眼，兵過黃河疑未反，貴妃胡旋感君心，死棄馬嵬念更深，從此地輪天維轉，五十年來制不禁，胡旋女，莫空舞，故唱此曲悟明主。

「胡旋女」、「鼓一聲」、「雙袖舉」，宋本、那波本「胡旋女」三字重出，下兩短句作「弦鼓一聲雙袖舉」。下文有「弦催鼓促」，均以「弦鼓」並舉，疑敦煌本奪「弦」字，遂成二短句。

「弦催鼓促曲已畢」，宋本、那波本七字改為「人間物類無可比」，唯諷諫本作「弦催鼓促曲欲遍」，與敦煌本原貌相近。

「外國來此居」，宋本、那波本作「出康居」三字句，諷諫本作「外國居」三字。

「天寶末年時欲變」，宋本、那波本「末」作「季」，諷諫本亦作「末」，與敦煌本同。考白氏《法曲》：「以亂干和天寶末」，《采詩官》：「君不見厲王胡亥之末年」，《隋堤柳》：「大業末年春暮月」，均喜用「末年」，少用「季年」。

「從此地輪天維轉」，宋本、那波本「此」作「茲」，「輪」作「軸」，諷諫本亦作「此」，但「地輪」亦作「地軸」。考敦煌《伍子胥變文》：「開山川而地軸」，似地軸為唐人所常用。

「故唱此曲悟明主」，宋本、那波本「故」作「數」，唯諷諫本與敦煌本同。

「昆明春」，敦煌本是：

昆明春，岸古春流新，影侵南山青滉瀁，波沈西日紅淵淪，往年

因旱靈池竭，龜尾曳泥魚煦沫，詔開八水注恩波，千介萬蟲同日活，今來淨淥水鏡天，游魚撥撥蓮田田，洲香杜若抽心長，沙暖鴛鴦鋪翅眠，洞植幽沉性皆遂，皇化如春無不被，魚者仍豐網罟資，貧人又獲菰蒲利，詔以昆明近帝城，官家不用收其徵，蔬蒲無證魚無稅，近水之人感君惠，（感）君惠，獨何人，吾聞率土皆王人，遠人何疏近何親，願植此惠及天下，無遠無近同忻忻，吳興山中罷擢茗，鄱陽坑裏休稅銀，天涯地角盡蒙利，熙熙同似昆明春。

　　本詩標題宋本、那波本作「昆明春水滿」，下有小注：「貞元中始漲之」，諷諫本、汪本並無「水滿」二字。

　　「昆明春，岸古春流新」，宋本、那波本重出「昆明春」三字，諷諫本不重，日本古抄神田本初重疊而後刪去，與敦煌本同。下句作「春池岸古春流新」，「春池」二字諷諫本及日本古抄本作「昆明」。

　　「影侵南山青滉瀁」，宋本、那波本「侵」作「浸」，似作「浸」為是，白詩《題裴晉公女幾山刻石詩後》：「利澤浸入池」，入池宜用「浸」字。但白詩善用「侵」字，如《南池早春有懷》：「宿潤侵蒲岸」，《和汴州令狐相公栽竹百竿》：「煙葉蒙籠侵夜色」，《新制綾襖成感而有詠》：「宴安往往歡侵夜」，例多不盡舉。

　　「龜尾曳泥魚煦沫」，宋本、那波本「泥」作「塗」，考白詩《九年十一月二十一日感事而作》：「何似泥中曳尾龜」，《渭村退居寄禮部崔侍郎等一百韻》：「泥尾休搖掉」，《奉和裴令公三月上巳見示之作》：「鵬背負天龜曳尾，雲泥不可得同遊」，皆用同一典故，而字皆作「泥」。唐人寫泥字下亦從土，形近而誤為「塗」，諷諫本及日本古抄本神田、猿投本並作泥。又宋本、那波本「煦」作「昫」，考白詩《杏園中棗樹》：「吹煦長未已」則作「煦」，而《放魚詩》：「以氣相煦濡」，

《渭村退居寄禮部崔侍郎等一百韻》：「沟沫誠多謝」正作「沟」，是用於春陽則從日作昫，用於魚龜沟沫則從口作沟。

「千介萬蟲同日活」，宋本、那波本「蟲」作「鱗」，鱗介並言者多，如白詩《題海圖屏風》：「鱗介無大小」。

「今來淨淥水鏡天」，宋本、那波本「鏡」作「照」，考白詩以鏡比水面者甚多，如《初領郡政衙退登東樓作》：「水心如鏡面」，《三月三日》：「階臨池面勝看鏡」，《渭上偶釣》：「渭水如鏡色」，而此「水鏡天」，鏡兼作動詞「鏡照」之意，白詩《裴侍中晉公以集賢林亭詩見贈廣為五百言》：「幽泉鏡泓澄」，亦兼鏡照意，作鏡勝於作照。

「游魚撥撥蓮田田」，宋本、那波本「撥撥」作「鱍鱍」，諷諫本及日本古抄並作「撥撥」，與敦煌本同。考《詩經》「鱣鮪發發」，發發音撥撥，《經典釋文》引轉詩則作鱍鱍。

「洲香杜若抽心長」，宋本、那波本「長」作「短」，諷諫本與日本古抄神田、猿投、時賢本並與敦煌本同，平岡武夫云：「長，各本誤短，樂府本亦誤。」

「洞植幽沉性皆遂」，宋本、那波本均作「動植飛沈皆遂性」，「洞」顯為「動」之誤，白氏《首夏》詩：「孟夏百物滋，動植一時好」，又《玩松竹》第二首：「乃知性相近，不必動與植」，又《贈韋處士六年夏大熱旱》：「動植皆枯槁」，正作動植。「幽沉」作「飛沈」，飛沈一動一靜，用於動物、植物似較恰當，但上文鴛鴦既眠，杜若滋長，皆無動態，作「幽沉」亦通。「性皆遂」作「皆遂性」，諷諫本與日本古抄本與敦煌本同，汪本亦改同敦煌本。白氏《晚年有春池閒泛》詩：「飛沈皆適性」，《又夢得相過援琴命酒因彈秋思》：「飛沈隨分各逍遙」，白詩的異文，往往有類於晚年所作的詞語，疑即白氏晚年自己所改。

「皇化」，宋本、那波本作「皇澤」，白詩《郡中春燕因贈諸客》：

「頒條示皇澤」。

「官家不用收其徵」，宋本、那波本「用」作「得」。

「蔬蒲無證魚無稅」，宋本、那波本「證」作「稅」，諷諫本作「徵」，「證」當為「徵」之誤。

「吾聞率土皆王人，遠人何疏近何親」，二「人」字各本並作「民」，唐避諱改為人。

「願植此惠及天下」，宋本、那波本「植」作「推」，形似而誤，作「推」為是。

「吳興山中罷攉茗」，宋本、那波本「攉」作「推」，考《集韻》：攉或從隺。是兩字通用，《漢書·王莽傳》下：「令豪吏猾民辜而攉之」。顏師古注：「辜攉，謂獨專其利而令它人犯者得罪辜也」，是攉、推同義。

「鄱陽坑裏休稅銀」，宋本、那波本「稅」作「封」，諷諫本、汪本均作「稅」，與敦煌本同。攉茗稅銀，並見於新舊《唐書》，為貞元年間之弊政。

「天涯地角盡蒙利」，宋本、那波本「盡蒙」作「無禁」，諷諫本與敦煌本同。

「撩綾歌」，敦煌本是：

撩綾撩綾何所似，不似輕綃與紈綺，應似天台山上明月前，四十五尺瀑布泉，中有文章又寄絕，地鋪白煙花蔟雪，織者何人衣者誰，越溪寒女漢宮妃，去年中使宣口敕，天上送樣人間織，織為雲外秋雁行，染作池中春水色，廣裁衫袖長制裙，金斗熨波刀箭紋，異彩奇紋相隱映，轉側看花花不定，昭陽舞人恩正深，春衣一對值千金，汗沾粉污不再著，曳土踏泥無惜心，撩綾織時費功績，莫比尋常繒與帛，

絲細捵多女手疼，扎扎千聲不盈尺，昭陽人，不見織時應不惜。

　「撩綾歌」宋本、那波本作「繚綾」，元微之《陰山道篇》有「越縠撩綾織一端」，亦作「撩綾」，同敦煌本。平岡武夫云：「綾下有歌字，按法曲例，有者誤衍。」陳寅恪亦云：「蓋新樂府之題目，例皆不用歌吟等字。」

　「不似輕綃與紈綺」，宋本、那波本「輕」作「羅」，唯諷諫本作輕，與敦煌本同。

　「明月前」，宋本、那波本作「月明前」。《樂府詩集》卷九十九亦作「明月前」，與敦煌本同。考白氏《松聲》詩：「半夜明月前」。律詩為求入律，亦有作「月明前」者，如《夜聞箏中彈瀟湘送神曲感舊》：「今夜月明前」，此詩晚年所作，白氏詩集中異文，每有與晚年文例同者。

　「寄絕」為「奇絕」字誤，各本均作「奇絕」，下文有「異彩奇紋」，紋汪本作文，奇文奇紋，即此句云文章奇絕。

　「漢宮妃」，宋本、那波本「妃」作「姬」，盧校本亦作「妃」與敦煌本同。

　「染作池中春水色」，宋本、那波本「池中」作「江南」，唯諷諫本作「池中」，同敦煌本。白氏喜寫池中春水之色，如《春池上戲贈李郎中》：「滿池春水何人愛」，《早春招張賓客》：「池色溶溶藍染水」，「池中」一詞亦常用：《曲江感秋詩》：「池中水依舊」，《感白蓮花》：「一為池中物，永別江南春」，池中與江南對舉。

　「絲細捵多女手疼」，宋本、那波本「捵」作「繰」，諷諫本作「撩」，捵當為「撩」形近誤書，蓋題為「撩綾」不當作「捵」。《樂府詩集》及日本古抄本「撩」改為「繚」。考元微之《古題樂府織婦詞》：

「繰絲織帛猶努力，變緝撩機苦難織」，則作繚作撩俱為織事。

「昭陽人，不見織時應不惜」，宋本、那波本改為「昭陽殿裡歌舞人，若見織時應也惜」，敦煌本「昭陽人」三字作呼告讀，下重出二「不」字，語氣尤為警醒，日本古抄本與敦煌本相近。

「賣炭翁」，敦煌本是：

賣炭翁，伐薪燒炭南山中，滿面塵埃煙火色，兩鬢蒼蒼十指黑，賣炭得錢何所為，身上衣裳口中食，可憐身上衣正單，心憂炭賤願天寒，夜來城外一尺雪，曉駕炭車輾冰轍，牛困人飢日已高，市南門外泥中歇，翩翩兩騎問是誰，黃衣使者白衫兒，手把文書口稱敕，回車叱牛令向北，一車炭，千餘斤，驅入宮中惜不得，半匹紅紗一丈綾，系在牛頭充炭直。

「滿面塵埃」宋本、那波本「埃」作「灰」，日本古抄神田本初作「灰」而校改作「埃」，上野本則原作埃。考白詩「塵灰」少見，《雜興》第三首：「視之如塵灰」，而「塵埃」則屢用，如《東林寺白蓮》：「我慚塵埃眼」、《游悟真寺》詩：「斗藪塵埃衣」，《酬張十八訪宿見贈》：「為我犯埃塵」，《庭松》詩：「冠帶走塵埃」，《和元九悼往》：「塵埃日夜侵」，《贈賣松者》：「枝葉滿塵埃」，《九日醉吟》：「劍匣塵埃滿」，《感化寺見元九題名處》：「今日見名如見面，塵埃壁上破窗前」，例多毋庸盡舉。

「賣炭得錢何所為」，宋本、那波本「為」作「營」，為字淺白，與賣炭翁身分協調，且白詩屢用「何所為」，如《夏日獨直寄蕭侍御》：「日長何所為」，《首夏病間》：「竟日何所為」，《自問此心呈諸老伴》：「暮問此心何所為」，《自吟拙什因有所懷》：「暇來何所為」，《北窗三

友》：「自問何所為」，例多不贅。又白氏《過李生》詩：「我為郡司馬，散拙無所營」，司馬事冗，此處或用營子為佳。「問是誰」宋本、那波本作「來是誰」。考白詩《閒居自題》：「問是誰家住」。

「白衣兒」宋本、那波本人「白衫兒」，恐重出「衣」字，故改。白氏用「白衣」者，如《郡齊暇日憶廬山草堂》詩：「居士白衣裳」。

「回車叱牛令向北」，宋本、那波本「令」作「牽」，諷諫本則作「驅」。

「驅入宮中惜不得」，宋本、那波本作「宮使驅將惜不得」，考《賣炭翁》題下後加「苦宮市也」小注，故改成「宮使驅將」，以點出宮使。敦煌本作回車叱牛令向北，驅入宮中惜不得者，宮使不必動手牽牛驅駛，而命賣炭翁親自奉上，尤見宮使威喝驚人。

「系在牛頭」宋本、那波本「在」作「向」。日本古抄如東洋文庫本、猿投、神田、上野諸本並作「在」，與敦煌本同。

「折臂翁」，敦煌本是：

新豐老翁年八十，頭鬢髯眉皆似雪，玄孫扶向店前行，右臂憑肩左臂折，問翁折臂來幾年，兼問置折何因緣？翁云貫屬新豐縣，生逢聖代無征戰，唯聽驪宮歌吹聲，不識旗槍與弓箭，無何天寶大徵兵，戶有三丁點一丁，一丁點向何處去？五月萬里雲南行，傳道雲南有瀘水，椒花落時瘴煙起，大軍徒涉水如湯，未戰十人五人死，是時翁年二十四，兵部牒中有名字，夜深不敢使人知，自把大石搥折臂，張旗簸旗俱不堪，從此始免征雲南，且圖揀退歸鄉土，骨碎筋傷非不苦，臂折來來六十年，一支雖廢一身全，至今陰雨風寒夜，猶到天明痛不眠，痛不眠兮終不悔，所喜老身今猶在，不然當昔瀘水頭，身死魂歸骨不收，應作雲南望鄉鬼，萬人冢上哭呦呦，君不見開元宰相宋開

府，不賞邊功防黷武，又不見天寶宰相楊國忠，立邊功，邊功不立生人怨，君不見新豐折臂翁。

「年八十」宋本、那波本並作「八十八」，陳寅恪嘗考白詩《蠻子朝》小注云：「天寶十三載鮮於仲通統兵六萬討雲南王閣羅鳳於西洱河，金軍覆沒也。」是征雲南在天寶十三載（西元 754 年），至本詩作成的元和四年（西元 809 年）共五十六年，征雲南時此翁年二十四，加五十六，是年恰為八十，陳氏謂此為巧合，仍以作「八十八為宜」，八十八則點屑古韻同，可押韻，改為十則不押韻，然首句不押韻亦可，敦煌本作八十，合於實際。

「髯眉」宋本、那波本、諷諫本、《文苑英華》卷三三三、《樂府詩集》並作「眉須」。然白氏諷喻詩喜用「髯」，如《西涼伎》：「紫髯深目兩胡兒」，《隋堤柳》：「紫髯郎將護錦纜」。

「右臂憑肩左臂折」，宋本、那波本「左」、「右」二字互易，《文苑英華》校本猶見左右互易者。

「唯聽驪宮歌吹聲」，宋本、那波本「唯聽」作「慣聽」，「驪宮」作「梨園」，「吹」作「管」。諷諫本作「慣聽驪宮歌吹聲」，與敦煌本最接近。白詩《寒食月夜》：「南鄰北里歌吹時」，又《長安早春旅懷》：「軒車歌吹喧都邑」，喜用歌吹。陳寅恪云：「新豐即昭應縣之本名，為華清宮之所在」，天寶六年易溫泉宮為華清宮，有華清池在陝西臨潼南驪山上，新豐翁當時所聽歌聲來自「驪宮」而非「梨園」，則本詩應作「驪宮」。

「一丁點向何處去」，宋本、那波本作「點得驅將何處去」，諷諫本上四字作「點得驅向」，猶存「點向」二字在其中。

「傳道」宋本、那波本作「聞道」，日本古抄本及《文苑英華》均

作「傳道」。白詩喜用聞道，如《霓裳羽衣歌》：「聞道如今各星散」、《長恨歌》：「聞道漢家天子使」、《同諸客題於家公主舊宅》：「聞道至今蕭史在」、《戲和賈常州醉中二絕句》：「聞道毗陵詩酒興」，例多不贅錄。

「未過十人五人死」，宋本、那波本「五人」作「二三」，此句下復有「村南村北哭聲哀，兒別爺娘夫妻別，皆云前後征蠻者，千萬人行無一回」四句，此四句或後加，或敦煌本脫去。

「搥折臂」，宋本、那波本「搥」作「鎚」，諷諫本、《文苑英華》本作「搥」，與敦煌本同。

「張旗簸旗」宋本、那波本作「張弓簸旗」，旗之言張，如白詩《東南行一百韻寄通州元九》：「神旗張鳥獸」等。

「從此始免征雲南」宋本、那波本「此」作「茲」。

「且圖」、「骨碎」二句，宋本、那波本顛倒，日本古抄本及盧校本與敦煌本同。

「臂折來來六十年」，宋本、那波本、諷諫本、樂府本均同。平岡武夫據神田本、時賢本刪一「來」字，作「臂折來，六十年」，並云：「每三字為句，是也。」其他版本或改作「來成」、「成來」，《全唐詩》則作「此臂折來六十年」，均不知「來來」意旨，陳寅恪舉段成式《戲高侍御》七首之一：「自小來來號阿真」，知「來來」連文乃唐人常語，敦煌本得存原貌，不必改。

「至今陰雨風寒夜」，宋本、那波本作「至今風雨陰寒夜」，陰風二字互易。

「痛不眠兮終不悔」，宋本、那波本無「兮」字，各作三字句。

「所喜老身今猶在」，宋本、那波本「所」作「且」，「猶」作「獨」。日本古抄本及《文苑英華》並同敦煌本作「所」。考白詩屢用「且喜」，如《感舊寫真》：「且喜身猶在」與本詩意正相同。《六十六

詩》：「還且喜身存」，《把酒詩》：「且喜加年紀」，《早夏游宴詩》：「且喜物與人」，《征秋稅畢題郡南亭》：「且喜賦斂畢」，《游平原贈晦叔》：「且喜身無縛」，《贈楊使君》：「且喜歸返會洛陽」，《歲假內命酒贈判官蕭協律》：「且喜新正假日頻」，《偶吟自慰兼呈夢得》：「且喜同年滿七旬」。宋本、那波本「猶在」作「獨在」，則《感舊寫真》詩亦作「猶在」，《白雲期》詩：「見酒興猶在」，《隔浦蓮》詩：「昨日看猶在」，是白詩喜用「猶在」，例多不贅舉。

「不然當昔滬水頭」，宋本、那波本「當昔」作「當時」，神田本同敦煌本，又校改為「當死」，平岡武夫以為「當死」正確。高野本則作「昔死」，但下句已有「死」字，疑本應作「當時」，「時」古寫上「㞢」下「日」，形既如昔，古音又近，遂誤作「昔」，昔死音又近，「當昔」不通，又改為「當死」，「當時」二字白詩常用，如《山石榴寄元九》：「當時叢畔唯思我」，例多不必盡舉。

「身死魂歸骨不收」，宋本、那波本樂府本作「魂飛」，日本古抄本作「魂孤」。但「魂歸」為白詩常用，如《和劉郎中傷鄂姬》：「不知月夜魂歸處」。

「萬人冢」句下，宋本、那波本並有「老人言，君聽取」二句，敦煌本無。下有兩「君不見」，若此又出「君聽取」，語氣不順。

「立邊功」三字句，宋本、那波本作「欲求恩幸立邊功」七字句，敦煌本顯然脫奪上四字。

「邊功不立生人怨」，宋本、那波本「不」作「未」，意近。末句「君不見新豐折臂翁」，其「君不見」三字宋本、那波本並作「請問」二字。蓋前已有「君不見」、「又不見」，不欲重出，宋本、那波本兩君不見均作「君不聞」，意並相近不贅述。

最後「鹽商婦」，只剩一行，敦煌本是：

鹽商婦，多金帛，不事田農與蠶績，南北東西不失（家）⋯⋯

所剩與宋本、那波本全同。

白氏詩集既讎校如上，大抵是《白氏長慶集》卷三、卷四的作品，但這個抄本的序次，與白氏在會昌五年親手編定的全部集子不一樣，白氏生前手自寫定五本詩稿，分藏東林、南禪、聖善、香山諸寺，但有許多所謂「兩京人家傳寫者」的傳抄本，傳布在他自編成集之前，敦煌的抄卷，序記不如自編本完備，且同為元和四年作品，可能是早期傳抄的通行本，宋元的刻本往往根據自定稿本，而白氏自己有詩解道：「舊句時時改，無妨悅性情」，則敦煌本與宋明刻本的異同，有些是傳抄訛誤外，也不免有白氏自改的可能。吾人雖不必執著敦煌本一定對，但從修辭效果或個人文句慣例去推斷，異文的是非，仍然約略可以望見端倪的。

敦煌伯二五六七號中
李昂、荊冬倩、丘為、陶翰、常建詩的價值

　　敦煌伯二五六七號卷子，是一張書法優美、長度可觀的卷子，現今又與伯二五五二號綴合，卷子的長度更增加了一倍，是敦煌唐詩卷子中存詩數量最可觀、價值也最高的一張。關於伯二五五二號部分，已指導學生施淑婷研究，姑且從略。

　　其中有關李白詩四十三首、王昌齡詩七首、孟浩然詩九首（另附三首），均已專文論述，所餘李昂、荊冬倩、丘為、陶翰、常建詩等均在本文中討論，至於伯二五五二號中高適詩三十九首及李昂詩二首，暫不列入本文。伯二五五二號連接伯二五六七號之後，但末尾的李昂詩，又與伯二五六七號開端同一作者。

　　伯二五六七號卷子一開始是殘破剩半首的詩，經查是李昂的《賦戚夫人楚舞歌》的下半首：

　　何異浮萍寄深水，逐戰曾迷只輪下，隨君幾陷重圍裡，此時平楚復平齊，咸陽宮闕到關西，珠簾夕殿聞鐘漏，白日秋天憶鼓鼙，且矜

容色長自持，且遇乘輿恩幸時，香羅侍寢雙龍殿，玉輦看花百子池。君王縱恣翻成誤，呂后由來有深妒，不奈君王容髮衰，相存相顧能幾時，黃泉白骨不可報，雀釵翠羽從此辭，君楚哥兮妾楚舞，脈脈相看兩心苦，曲未終兮袂更揚，君流涕兮妾斷腸，已見媒臣歸惠帝，徒留愛子付周昌。

　　考此為李昂詩，載在《全唐詩》卷一百二十，僅存詩二首，另一為《從軍行》，見引於《文苑英華》，此首《賦戚夫人楚舞歌》，則見引於《才調集》卷三，此二首見錄於《唐詩紀》「盛唐卷」之二，《全唐詩》本之。詩前尚有缺文：「定陶城中是妾家，妾年二八顏如花，閨中歌舞未終曲，天下死人如亂麻，漢王此地因征戰，未出簾櫳人已薦，風花菡萏落轅門，雲雨裴回入行殿，日夕悠悠非舊鄉，飄搖處處逐君王，玉閨門裡通歸夢，銀燭迎來在戰場，從來顧恩不顧己」等十三句。

　　全詩異文不多，「珠簾夕殿聞鍾漏」，「鍾漏」《才調集》作「鐘鼓」，《詩紀》、《全唐詩》作「鐘磬」，鍾為鐘俗寫，作「鐘磬」「鐘磬」則是形容歌舞作樂的聲音，寫出眼前的歡樂，與往日出生入死的回憶作了對比，好像用意很妥帖。但敦煌本作「鍾漏」，則取夕殿的靜寂，能聽到鍾漏滴答的聲響，也可以和往昔戰輪喧闐的場面作一對比，況且若作「珠簾夕殿聞鐘磬」，不像自身參與作樂，「聞」有遠聞的意思，多少有些「他人作樂，此間遠聞」的隔閡，還不如安靜地遠聽鐘漏，顯現出一段暫時的寧謐。

　　「不奈君王容髮衰」，《才調集》、《詩紀》、《全唐詩》「髮」作「鬢」，鬢髮義近，髮之將白，鬢每先之，「髮衰」或較「鬢衰」尤為蒼老，使下句「相存相顧能幾時」的感慨益發可憐可嘆。

　　「已見謀臣歸惠帝」，《詩紀》「謀臣」作「儲君」，《才調集》作「謀

臣」與敦煌本同。《全唐詩》於「儲君」下存異文「一作謀臣」，即據《才調集》。儲君即指惠帝，意謂儲君的名位歸給了惠帝。若作「謀臣」，意謂謀臣密議紛紛，歸心惠帝，以致戚夫人的愛子遭排斥，僅付周昌而已。在謀臣張良「四皓輔太子」的妙計下，已決定了趙王如意的悲慘下場。所以用「謀臣」二字，使詩句的涵蓋面廣闊了許多，故事性也繁富了不少。

　　敦煌本最大的發現，是本詩今本奪漏了「且矜容色長自持，且遇乘輿恩幸時，香羅侍寢雙龍殿，玉輦看花百子池」四句，其實必須有這四句，才算將「君王縱恣」的情形，作了具體的描繪，而引發下文「呂后由來有深妒」的妒意，才有了著落。

　　其他如「哥」當是「歌」、「鞞」同於「鼙」等字體略有差異者，從略不贅。

　　《唐詩紀事》記李昂為開元二十四年雋秀等科的考功員外，考評詩文，自信詩文美惡，悉能知之，因此相信他的作品一定也不少，敦煌伯五五二之末有李昂《馴鴿篇》及序，和《塞上聽彈胡笳作一詩》的序，而此二卷子中另載七律、五律各一首，在他的名後，可能也是他的詩，使今存李昂的二首古體外，得睹其律詩的風貌，詩是：

題雍丘崔明府丹灶

　　聞君小邑暫鳴弦，隱幾灰心有歲年，白石既燒應化鶴，黃金未熟且烹鮮，爐中近染三花氣，樹裡新飛五色煙，伊尹即今須負鼎，王喬何事欲衝天。

睢陽送韋參軍還汾上此西元昆任睢陽參軍

世業重纘金，青春映士林，文華兩孫楚，兄弟二曾參，竹抱盧門暗，山銜晉國深，預知汾水上，一雁有遺音。

李昂詩後為王昌齡、孟浩然詩，孟浩然詩後有《詠青》一首，王重民輯為孟浩然的佚詩，楊承祖在敦煌寫本《唐人選唐詩校記》中已考出是荊冬倩所作，《全唐詩》卷二〇三載荊冬倩《校書郎詩》一首，即本詩，敦煌本原文是：

詠　青

霧辟天光遠，春回日道臨，草濃河畔色，槐結路旁陰，欲映君王史，先摽曹子襟，經明如何拾，自有致雲心。

「霧辟天光遠」，《國秀集》、《詩紀》、《全唐詩》所收荊詩僅此一首，題為《奉試詠青》。「霧」作「路」。考全詩正替「青」字作詩謎，不說破「青」，但句句是「青」，霧開之處，正見青天，路辟之處與天光不相連屬，且第四句已有「路」字，首句字當作「霧」。

「春回日道臨」，《國秀集》、《詩紀》、《全唐詩》「日」作「月」，月夜難見春回的青色，似作「日」為宜。

「槐結路旁陰」，《國秀集》、《詩紀》、《全唐詩》「旁」作「邊」，意同。

「欲映君王史」，《國秀集》、《詩紀》、《全唐詩》「欲」作「未」，欲映於青史，則有「青」意，未映則無「青」意，作「欲」為是。

「先摽曹子襟」，《國秀集》、《詩紀》、《全唐詩》「摽」作「標」，「曹」誤為「冑」。摽為落，先落在曹操的襟上，因為曹操《短歌行》

用了「青青子襟」（襟同衿）句，誤為「冑子」則不通。曹字唐人寫法或有省筆，王重民錄敦煌本寫法亦作「冑」。

「經明如何拾」，《國秀集》、《詩紀》、《全唐詩》「何」作「可」，「經明如可拾」正如「富貴如可求」，作「可」為是，唐時明經出身著青色初級官服，自有致雲心，謂上致青雲，都暗藏青字。

《詠青》詩後，即為丘為詩六首，今僅存一首，其餘五首均佚。

田　家

東風何時至，已綠湖上山，湖上春既早，田家日不閒，溝塍流水處，耒耜青蕪間，薄暮飯牛罷，歸來還閉關。

《詩紀》、《全唐詩》錄此詩，題為《題農夫廬舍》，《國秀集》卷下亦錄此詩，作《題農廬舍》，考詩中有「田家日不閒」句，題作「田家」本甚簡明。

「湖上春既早」，《全唐詩》「既」作「已」，下注「一作既」，《國秀集》、《唐詩紀》作「既」與敦煌本同。

「耒耜青蕪間」，《國秀集》、《唐詩紀》、《全唐詩》「青蕪」作「平蕪」，仇兆鰲謂「平蕪」意為「平原荒草」，江淹賦：「平蕪際海」，杜甫《畫鷹詩》：「毛血灑平蕪」，則平蕪是荒地，與本詩所寫溝塍阡陌間散置農具的景象不合，且「青蕪」一詞，與「東風」、「春早」、「已綠」相應，敦煌本全詩字彙統一而調和，作「青蕪」為是。

這首「田家」詩之外，其餘五首可能是丘為的佚詩，丘為享壽九十六歲，又與劉長卿、王維為友，時相唱和，所作一定很多，《全唐詩》現僅存十三首，可見詩作大都散失。五首佚詩如下：

答　韓　大

　　行人輩，莫相催，相看日暮何徘徊。登孤舟，望遠水，殷勤留語勸求仕，疇昔主司曾見知，琳瑯叢中拔一枝，且得免輸天子課，何能屈腰鄉里兒，長安桑落酒，或可此時望攜手，官班眼色不相當，拂衣還作捕魚郎。

　　王重民錄文「韓大」作「韓丈」，「桑落酒」誤為「落葉酒」。桑落酒代表秋天，杜甫《九日奉先會白水崔明府》詩：「坐開桑落酒，來把菊花枝」，正用桑落酒，此詞庾信已用，如《蒲州乞酒》：「蒲城桑落酒，灞岸菊花枝」，敦煌本「桑落酒」三字自有來歷。劉盼遂以為「官班眼色」當是「官班服色」，「眼」當作「服」。

辛四臥病舟中群公招登慈和寺

　　柳色扁舟帶水陰，聞君臥疾引登臨，憑高始見三吳勢，望遠因知四海心，山僧午後清禪洽，群木晴初綠靄深，雲外翩翩飛鳥盡，令人宛自動歸吟。

　　王重民錄文「自」誤為「月」。《全唐詩》中沒有丘為的七律，這首七律，第四五句間平仄黏對不合常律。下首與此同，也不合律詩的通例。

對雨聞鶯

　　垂柳街頭百丈絲，杏花林外度黃鸝，間關正在秦箏裡，歷亂偏傷楚客時，風傳一一聲來盡，雨濕雙雙飛去遲，羨爾能將遷客意，何如棲得上林枝。

　　王重民錄文「來」誤為「未」。「聲來盡」與「飛去遲」對仗較工。詩中寫杏花春雨江南景象，正是丘為家鄉浙江嘉興的風物。

幽　渚　雲

　　漠漠雲在渚，無心去何從，青連晚湖色，澹起秋煙容，渡水上下白，歸山深淺重，來為巫峽女，去逐葛川龍，勿為長幽滯，當飛第一峰。

傷河龕老人

　　老人甲子難計論，耳中白毛卅（三十）根，釣魚幾年如一日，船舷數寸青苔痕，人生性命必歸止，精魄傷夫向流水，月如鉤在輪影中，風似人來荻聲裡。蒲葉高低沒釣磯，破舟仍系綠楊枝，水流不為人流去，魚樂寧知人樂時，土龕門前一行柳，獨引青絲織魚筍，柳花漠漠飛復飛，魚筍如今落誰手，余嗟老人多悲辛，老人昔日傷幾人，人情相掩且相嘆，不喜河頭秋與春。

　　此詩伯二五四四號卷亦引，題為《老人篇》，「精魄傷夫向流水」，不通，劉盼遂以為「夫」當作「失」，正確。王重民「精魄」誤錄為「精魂」，尤不通。伯二五四四號作「精丑（魄）香風向流水」，俞平伯謂「精魄指月，下文月如鉤在輪影中，風似人來荻聲裡，足證香風二字不誤」。是唐時已有異文，「精魄傷失向逝水」，承上性命歸止而言，生命青春逝者如斯，亦可通。

　　丘為詩之後，即為禮部員外郎陶翰的詩：

古　意

　　進軍飛狐北，窮寇勢將變，日落塵沙昏，背河更一戰，騂馬黃金勒，珥弓白羽箭，射煞左賢王，歸奏未央殿，欲言塞下事，天子不召見，東出咸陽門，哀哀淚如霰。

　　本詩見錄於《河岳英靈集》卷上，題為《古塞下曲》，《樂府詩集》卷九十二、《文苑英華》卷一九七、《唐詩紀事》卷二十均作《塞下曲》，《詩紀》、《全唐詩》同《河岳英靈》集。《英華》本作者下有「文粹作王季友」六字，《全唐詩》詩題下有「一作王季友，誤」六字，證諸敦煌卷本，確為陶翰作。

　　「窮寇勢將變」，《英華》本作「窮寇兵勢變」，其餘各本均同敦煌本。

　　「日落塵沙昏」，《樂府詩集》「日落」作「落日」，其餘各本均同敦煌本。

　　「騂馬黃金勒」，《英華》本「騂」作「駿」，駿下有「一作騂」三字。毛傳云：「赤黃曰騂」，亦為駿馬。

　　「珥弓白羽箭」，《英靈集》「珥」作「雕」，《樂府》本、《唐詩紀事》作「彫」，字均通用。《英華》本、《詩紀》及《全唐詩》同敦煌本。

　　「哀哀淚如霰」，《英華》本作「哀淚如霰線」，其餘各本均同敦煌本。疑「霰」讀音如「線」，後人霰旁注線音，而哀哀的下一字作二小點，容易漏脫，後人遂改為「哀淚如霰線」。

　　再其下一首，未署作者姓名，中華文史論叢編輯室已查出此詩「《全唐詩》已收入常建集中」，則本詩當為常建所作：

吊王將軍

　　漂姚北伐時，深入強千里，戰酣落日黃，軍敗鼓聲死，嘗聞漢飛將，可奪單于壘，今與山鬼鄰，殘兵哭遼水。

　　本詩《河岳英靈集》卷上、《才調集》卷一、《唐詩紀事》卷三十一、《文苑英華》卷三百三均引此常建詩，題為「吊王將軍墓」，《河岳英靈》「弔」作「吊」，同敦煌本。

　　「漂姚」各本並作「嫖姚」，漢將霍去病封嫖姚校尉，庾信詩：「寒衣須及早，將寄霍嫖姚」，王維詩：「漢家將賜霍嫖姚」，字當作嫖姚。

　　「深入強千里」，《才調集》、《英華》本「強」作「幾」，《英靈集》、《唐文粹》、《唐詩紀事》均作強，同敦煌本。

　　「戰酣落日黃」，「酣」各本均作「餘」，作酣則雖落日黃昏，戰猶未休。作餘則已戰罷，作酣較為動人。

　　「嘗聞漢飛將」，「聞」《英華》本作「言」、《文粹》作「鬥」，其餘各本均同敦煌本。此詩汲古閣毛晉曾據宋版加以考校，其本文與《才調集》同，所錄異文，與《文苑英華》同。

昔人已乘白雲去

——敦煌本唐詩的價值

在敦煌石窟裡，保存著許多唐代詩人活動時期，真實記錄下來的詩篇，這邊有詩人在吟唱，那邊有抄本在流傳，嶄新的發表會，鮮活的作品展，你攤開敦煌卷子，可以想像當時是千百才子輪流登場，你的吟罷，我來哼唱。從這裡面，你能清晰地辨認，當時崔顥所唱的《登黃鶴樓》詩是：

昔人已乘白雲去，

茲地唯餘黃鶴樓，

黃鶴一去不復返，

白雲千載空悠悠……

我們久已聽慣了「昔人已乘黃鶴去」的唐詩，猛然聽到昔人已乘「白雲」去，還在懷疑是不是唱錯了？然而這是千真萬確唐人手抄如

此，其實在唐代人所選的《國秀集》、《河岳英靈集》，宋代人所編的《文苑英華》、《唐詩紀事》，其中都提到了這首詩，寫的都是「昔人已乘白雲去」，直到元代，人心苦悶，出現了許多仙人的傳說，有的說仙人黃文褘駕鶴成道，是從黃鶴樓起飛的；有的說仙人子安曾經乘鶴經過這座樓，把黃鶴樓的地名附會了種種神仙故事，於是「昔人已乘白雲去」便有了「昔人已乘黃鶴去」的異文，流傳到明代，乘的依然是「白雲」，只在句子下面多了「一作黃鶴」的備注罷了。

　　可是清代的怪傑金聖歎一出現，這句詩就改觀了，他認為這句詩非作「乘黃鶴」不可，理由是：

　　一、如果不是仙人駕鶴，這座樓憑什麼叫黃鶴樓？

　　二、前三句都用黃鶴，才奇特。第一句如改成白雲，則二句白雲、二句黃鶴，對峙得太呆板。

　　三、若乘的是白雲，白雲既已乘去，為什麼至今悠悠，世上哪有千載尚存的白雲？

　　金聖歎手批的《唐才子詩》，作於西元一六六〇年，被他強詞奪理地一吆喝，認為必須作「乘黃鶴」才對，五十年後沈德潛編《唐詩別裁》（西元 1717 年）便採用他的觀點，把詩直接改成「昔人已乘黃鶴去」，又過五十年後，孫洙編《唐詩三百首》（西元 1763 年），就依「乘黃鶴」為定本，弄得家家傳誦，積非成是，沒人知道「昔人已乘白雲去」才是崔顥的手筆，直待敦煌本的出現，才讓我們重新認真地檢討唐詩原來的面目。

　　再則崔顥本詩的結尾原來是：

日暮鄉關何處在？
煙花江上使人愁！

　　大家熟悉的是「煙波江上使人愁」，看到唐人手寫，原來「煙波」本是「煙花」，這一字相差，令人想起古代的一項傳說，說大詩人李白曾經遊歷到黃鶴樓上，正想吟詩，抬頭讀到崔顥的這首詩正題在壁上，詩寫得太好，李白也只能嘆息，無法再出手了，便坦然認輸說：「眼前有景道不得，崔顥題詩在上頭！」這種「服善」的美談，一直教人疑真疑假，無從證實。可是現在可以相信真有其事了，因為李白寫「故人西辭黃鶴樓，煙花三月下揚州」，在黃鶴樓前用「煙花」來描寫，原來是學自崔顥，由敦煌本的出現，確信李白是真的讀到了崔詩，而李白對崔顥的傾服，也由此獲得了明證。

　　談到李白，敦煌石室中保存李白的詩有四十三首，文句和現存的李白詩集有許多不同，譬如他的《效古》詩，描寫一位在文場得意的官員，下班回家時，人與馬都顯得特別豪雄，當他回家進門的時分，所描繪的景象是：

　　入門紫鴛鴦，金井花綠桐，佳人出繡戶，含笑嬌鉛紅，清歌紹古曲，美酒沽新豐，快意且為樂，列筵坐群公。

　　花園裡有紫色成雙的鴛鴦，有金色的井欄，還有花花綠綠的桐樹，五色斑斕，園景正美。這時候他心愛的美人從繡戶中走出來迎迓，一臉紅妝秀色的笑，走進室內，新豐美酒，早已羅列，美人這時一面勸酒、一面清歌一曲，滿座坐著嘉賓，一起陶醉在美酒美色與甜美的歌聲裡……啊，這樣一幅令李白心花怒放的場面，但是在現今的李白詩集裡，卻漏掉了「佳人出繡戶，含笑嬌鉛紅」二句，把這個姣好美麗的女主角遺漏了！只有美酒，卻沒有了美人，若不是敦煌本的出現，將讓李白何等遺憾？

至於那首五歲童子都朗朗上口的《黃鶴樓送孟浩然》詩，敦煌本李白詩是這樣的：

故人西辭黃鶴樓，
煙花三月下揚州，
孤帆遠映綠山盡，
唯見長江天際流。

這首詩一直鮮活地流傳在世人的口中，字句的不同應該最少，但是第三句現今《唐詩三百首》是作「孤帆遠影碧空盡」，可是碧空是寫秋高氣爽的九月，既是煙花三月，當作碧山才對。碧山敦煌本作「綠山」，綠碧都是入聲字，如果寫天空，天有透明的含義，用「碧」會比用「綠」好，但如描寫山，尤其是遠山，不具透明義，用「綠」與用「碧」在聲和義上是沒有什麼差別的，至於「遠影」則不如「遠映」，因為「遠影」這名詞也就是指「孤帆」，二詞同指一物，意思重複了，原本作動詞的「遠映」，把孤帆漸移漸遠，映在綠山盡處，意趣比「遠影」要好得多了。

當然，像李白的《將進酒》，這詩家喻戶曉，但是你聽唐代人在吟唱，原來字句間有許多不一樣的：

君不見床頭明鏡悲白髮，
朝如青雲暮成雪！

從宋朝開始，這句「床頭明鏡」，早被改為「高堂明鏡」了！原來唐朝人的床，像個大茶几，放在廳堂上休息見客用，未必是夜晚睡覺

用，床頭擺設著書卷、明鏡。鏡如掛在高堂上，每日不容易去照，正因近在床頭，才能朝暮相對，朝見髮如青雲，暮見髮如白雪，所以本詩不能被改作高堂。李白另一首《贈別舍人弟之江南》詩：「梧桐落金井，一葉飛銀床，覺罷攬朝鏡，鬢毛颯已霜！」所寫的鏡子，正掛在銀床邊，在床上隨手可以攬照的！

《將進酒》詩中又說：

天生吾徒有俊才，
千金散盡還復來！

「天生吾徒有俊才」，好像遠不如大家背熟了的「天生我材必有用」，天生我材必有用，說得何等樂觀，對當下何等肯定，甚至有人還根據它大談「人格價值」呢！可是敦煌本告訴我們，那是後人改的，李白只說過「天生吾徒有俊才」，李白只是自負具有才俊而已。然而我們何以知道「天生我材必有用」不是李白自己改的呢？因為「天生我材必有用」沒押韻，在格律上是錯的，古詩在轉韻的時候，出句先要押韻，叫作「逗韻」，「才」的韻腳，和「來」及「會須一飲三百杯」的杯，都是押韻的，就像上文「床頭明鏡悲白髮」的髮，和「雪」、「月」要押韻，又像下文「丹丘生」的生，和「停」、「聽」、「醒」、「名」要押韻一樣，全詩每逢轉韻，出句一定押韻，這是古詩的規律，改成「天生我材必有用」，「用」字就不押韻，顯然是不懂規律的人亂改的，不會出於李白自己，這也是由於敦煌本發現以後，讓我們尋出了顯然的錯誤。

在李白的《古蜀道難》一詩中，字句的差別就更多，李白當時形容蜀道說：

上有橫河斷海之浮雲，
下有衝波逆折之回川！

這二句詩很自然，所取的景物都是眼前就有的，而且對仗自然妥帖，但是今天我們讀到的上句是「上有六龍回日之高標」，非僅「高標」二字難解，且《易經》中的六龍，《淮南子》裡日神羲和車駕的六龍，這種典故的堆砌，顯得斧鑿痕跡斑斑，不像李白明朗直率的性格了。

《蜀道難》中還有那句：

雄飛從雌繞花間。

現在的版本作「雄飛雌從繞林間」，「雌從」只是「從雌」的顛倒，但這一字顛倒，影響內容極大，雄的在前面飛，雌的在後面跟，無言默默，那是夏秋間的景象，而「從雌」是雄鳥追蹤雌鳥，從花間翻滾落地，嘰嘰喳喳，那是春天嚶嚶求友的季節。一字的顛倒，改變了李白所寫蜀道景物的季節性，而「花間」被改成「林間」，也顯然抹殺了春光的特性。然而必須是春天，才能和下句「子規啼月」的暮春夜景相一致。再則本詩可能是反對唐明皇出奔蜀道的計畫，唐明皇是在六月十二日出奔，李白作詩規諷，當在安祿山正月稱帝以後，在玄宗奔蜀之前，所以描摹晚春的蜀道景象，才最切合題旨。

文字的出入，有時候一個字關係重大，且再舉白居易的《寄元九微之》詩為例：

夢中握我手，問我意何如？答云苦相憶，無人可寄書，覺來未及說，叩門聲藝藝，云是商州使，寄君書一封。

　　現在的本子，一二兩句都變成「夢中握君手，問君意何如」，第一人稱的「我」改成了「君」，變成夢中我握著你的手，問你意下如何？那麼「答云」便成元微之在答，既是元微之答說「無人可寄書」，怎麼白居易醒來，就收到信差送來元微之的信？全詩句意已經不通，但在敦煌本出現以前，卻沒有人發現句意的錯謬。原來是夢中你握著我的手，問我意下如何，我說苦相憶，沒人可帶信給你，結果一醒來，就看到你那邊派來了商州的使者，不但帶給我一封信，同時也可以帶回我的覆信了！今本的兩個「君」字是錯的，必須改回「我」字，才通順呀！

　　敦煌石室中的唐詩，還不僅是文字異同的校勘問題，有時是整首詩的存佚問題，像唐明皇時代一篇最得意、最輝煌的詩篇，那就是哥舒翰的《破陣樂》，大勝吐蕃，班師回朝，這首詩歌何等振奮人心，可是現在詩既失傳，作者也不列在眾多的詩人行列裡，全賴敦煌本把它留存了下來，詩是：

西戎最沐恩深，犬羊違背生心，神將驅兵出塞，橫行海畔生擒，石堡嚴高萬丈，雕窠霞外千尋，一喝盡屬唐國，將知應合天心。

　　哥舒翰奪回石堡城。時在天寶八年，石堡城被吐蕃襲取以後，許多大將都無法攻克，哥舒翰不惜犧牲，傷亡數萬人，終於攻拔回來，俘獲了四百個吐蕃人，這場洗雪唐朝恥辱的戰爭，凱旋歸來時就唱這首《破陣樂》，《破陣樂》原先是唐太宗所造，後來唐明皇又作《小破陣樂》，凡有大功獻俘，就奏這個商調曲，這六言八句的雄壯進行曲，如今只剩張說的二首，而這首描摹攀越「石堡嚴高萬丈」的激烈戰役，「一喝盡屬唐國」的大唐聲威，都已經失傳了。

其次如李斌的詩，敦煌卷子裡抄下不少，相信也是一位當時遠近馳名的詩人，現今隻字不存，連詩人姓名也失傳了，敦煌卷子留下的《贈劍》詩：

我有一長劍，磨來十數年，但藏玉匣裡，未向代人傳，鍔霧星將轉，環開月共懸，霜鋒映牛斗，雪刃倚長天，每欲清萬國，常懷定四邊，希君持取用，方謂識龍泉。

梁代時有吳均的寶劍歌，也是用「我有一寶劍」開頭的，本詩則先寫龍泉劍的神奇，再說出主人的大志，在詠物的詩裡寓著靖邦定邊的理想。詩中的「代人」是「世人」的意思，世字避諱而暫用代字，這裡可以看到唐代人書寫的真實情況。作品與作者一齊湮滅的，李斌之外還有許多位呢。

大名鼎鼎的高適，詩篇也有失傳的，如敦煌卷子裡的《餞故人》詩：

衫君辭丹溪，負杖歸海隅，離庭自蕭索，別況何鬱紆，天高白雲斷，野曠青山孤，欲知腸斷處，明月照江湖。

詩中餞送一位白衫的淪落人，辭別丹溪回歸海隅去，一生的屈志不伸，飽受挫折，面對那青山白雲，高曠孤絕。在送別的時分，這分失意落魄的黯然，是特別難過的。高適是「詩人之達者」，贈別的詩常喜持寬慰的態度，這首同情故人歸去的詩，卻寫得雲斷山孤、月明腸斷，景況很淒涼，在高適集中很少見，而本詩則已經失傳了。

至於同樣享有盛名的王昌齡，也有部分作品散佚，譬如他的《題

淨眼師房》：

　　白鴿飛時日欲斜，禪房寂歷飲香茶，傾人城，傾人國，嶄新剃頭青且黑，玉如意，金澡瓶，朱唇皓齒能誦經，吳音喚字更分明，日暮鐘聲相送出，袈裟掛著箔簾釘。

　　本詩的出現，不但使王集中增加了三七雜言的活潑風貌，也可能供出了王昌齡最真實的性情，《唐才子傳》上說他「晚途不矜小節，謗議騰沸」，他不僅以「不護細行」而數次被貶，還因此而遭人殺戮。可是所謂「不矜小節」、「不護細行」究竟指貪財還是好色？指個性狂傲還是驚世駭俗？現存的詩篇裡幾乎無法窺識，但從這首佚詩出現後，他把一位出家人頭皮的青黑，寫得傾城傾國，把出家人唇齒的紅白，寫得嬌嬌滴滴，將莊嚴靜寂的禪房，寫成欲海春潮，不是故意的輕薄，又當作如何解釋？本詩或許可以給「不護細行」作了旁證與詮釋。

　　也有些詩，詩雖保存，作者卻失傳了的，像《全唐詩》中列為「無名氏」的作品，敦煌本中又尋回了作者的名字，如這首絕句：

　　忽聞天子訪沉淪，萬里迢迢遠赴秦，早知不用無媒客，悔渡江南楊柳春！

　　《全唐詩》裡錄無名氏詩百餘首，怎想到在千餘年後又重新出現作者的名字？本詩在敦煌伯三六一九號、伯三八八五號都抄錄，沒有詩題，作者是「李邕」，李邕才名早成，文章稿酬極高，所謂「往求其文，饋遺至巨萬，自古鬻文獲財，未有其比」，但至今只剩下四首，原來有些已散在「無名氏」裡了，第二句今作「萬里懷書西入秦」。

另外作者搞錯的，如《全唐詩》裡記載的姚合蒲桃架詩，敦煌卷子中明明寫著是白侍郎作，這首開玩笑的詩，原來出於白居易之手：

……陰暗奄幽屋，蒙密夢冥苗，七秋青且翠，冬到凍都凋。……

這是利用發聲相近的字，組合成句，所謂字字雙聲，像拗口令般的遊戲筆墨，有趣地流傳著，其前有沈約的「偏眠船舷邊」都用疊韻字寫的句子，其後有蘇東坡的「笳鼓過軍雞狗驚」的雙聲字聯用的遊戲筆墨。白居易的集子裡沒收這首玩笑詩，致使這首詩訛傳成姚合作的了。季振宜在《全唐詩集稿》中不曾輯錄本詩，是《全唐詩》的編者從輯佚中所得，以為是姚合，資料來源的可信度並不很高。

再則如諸暢的詩，《全唐詩》裡只剩一首了。原來他的作品，有些被誤收在他哥哥暢當的名下，如他的《登鸛雀樓》，《全唐詩》列為暢當作，《文苑英華》更誤為張當作，敦煌本裡原來是八句的詩，現在只剩四句了：

迴臨飛鳥上，高出世塵間，天勢圍平野，河流入斷山。

有位詩評家劉逸生寫《唐詩小札》，曾舉這四句詩，他批評道：「四句都是景，儘管也寫得不錯，但是讀完之後，好像只看到片段的畫面，詩人自己的精神面貌及感慨心事卻一點不能理解。」真可惜劉逸生沒看到敦煌寫本，原來這詩，上面還有二句「城樓多峻極，列酌恣登攀」說登樓攜酒的興致，下面還有二句「今年菊花事，並是送君還」是寫心事感慨的，完整的詩被割裂成四句，才顯得沒頭沒尾，受後世批評家的譏彈，古人不免要泉下呼冤了！

　　另有作者混淆的，同一首詩或傳為宋之問作，題為《有所思》。或傳為劉希夷作，題為《代悲白頭翁》。在《全唐詩》中兩存著，無法確定，好像作者永遠將存疑了，但是敦煌本一出現，就將問題解決，作品歸還給原作者——劉希夷，這首引起爭奪的詩裡，有二句極有名的句子：

年年歲歲花相似，歲歲年年人不同！

　　據《唐才子傳》的記載，劉希夷寫成了這二句詩，曾經自嘆是不祥的語讖，但因句子太美，引起他的舅舅宋之問的喜愛，探知這首詩還沒公然發表，就要求劉割愛給他，由他發表，劉希夷起先答應了，後來又公開發表，使宋十分惱怒，派家奴用土囊把劉壓死，劉死時年未及三十，離本詩的寫成還不及一年，應驗了詩中「明年花開復誰在」、「歲歲年年人不同」的讖語。這段故事，是真是假，至今成為懸案，但當敦煌伯三六一九號卷子出現後，其中有宋的詩，也有劉的詩，本詩正寫著劉希夷的大名，可以確認。

　　還有一些詩，敦煌本中只有四句，現在流傳的卻成了八句，如孟浩然的二首五律，在敦煌本原只是四句：

八月湖水平，含虛混太清，氣蒸雲夢澤，波動岳陽城。（《洞庭湖作》）
二月池水清，家家春鳥鳴，林花掃更落，徑草踏還生。（《春中》）

　　這兩首詩開始流傳時，本只四句，後來張說做丞相，孟浩然便把《洞庭湖作》的四句詩下面，重加上「欲濟無舟楫，端居恥聖明」等四

句，題目改為《洞庭湖上張丞相》，希望張丞相汲引推薦，讓他得到舟楫的濟引，不要在聖明的時代依然閒廢散置！這時孟浩然是三十三歲，那麼前面四句的流傳，該是孟氏三十三歲以前的事。

第二首也是同樣情形，在敦煌伯三八八五號中僅四句詩，題目或許只作「春中」，待王九（可能是集中的白雲先生王迴）來拜望時，孟浩然便把原先四句下面又添加「酒伴來相命，開樽共解酲」四句來記事，並將題目增添為《春中喜王九相尋》，一首詩由作者自己改動的，從詩題的改變中也可以窺見原委了。

由於這種發現，使得原先懷疑為什麼律詩會有「仄仄平仄平」的句法，像「二月湖水清」、「八月湖水平」都是極為罕見的特殊格律，現在明白原來它是由絕句添加成律詩後遺留的痕跡，這個迷惑，也是由敦煌卷本的出現而得到了滿意的解答。

（1986 年 12 月 29 日《「中央日報」・副刊》）

敦煌伯二五五五號卷子中二十七首今存唐詩的價值

　　敦煌伯二五五五號卷子，是一張詩卷，書寫者應是一位唐代守邊的戰士，後來敦煌地方陷於吐蕃人之手，這位能詩的戰士被拘俘了，他被羈縲著離開敦煌，進入退渾國，又至墨離海、青海，度過赤嶺，次於白水，一路上他寫下了七十餘首陷蕃後感傷思念的作品，這些作品不見於《全唐詩》，可以作為佚詩收存。

　　此外，他也在卷中抄存著許多唐代名家的詩作，這些詩作有的旁具作者姓氏，有的不具；有的作品至今仍保留著，有的早已失傳。經我粗略地比對，查出有二十七首詩至今尚存，其餘多已失傳，當然，失傳的篇數遠超過今存的篇數。想像開元、天寶期間，作手如林，而今排列於中華版《全唐詩》第二、三、四冊左右時期的詩人，本為大家而今僅存數首者不乏其人，詩篇亡逸太多，此卷子中新出現的佚詩，除陷蕃詩人自作之外，所錄大都是盛唐年代的傑作，自然極具價值。

　　然而本文討論的重點在唐詩的校勘問題，因此對於新出現的陷蕃詩，以及新出現的佚唐詩，凡不能作異文對勘的，宜另寫專文討論。本文僅就已查出的二十七首今存唐詩，作為研討的範圍，作者包括張謂、岑參、高適、蔣維翰、王昌齡、劉商、孟浩然、朱灣等八位詩人，看看千餘年來他們的詩句被改動的情形，以講明敦煌詩卷的出現，在詩歌研究方面的價值。

　　首先討論的是《河上見老翁代北之作》，本詩未署作者姓名，今考為張謂所作，詩題今為「代北州老翁答」，在《詩紀‧盛唐》卷一百一及《全唐詩》卷一百九十七，頁二〇一六，敦煌本原文是：

　　負薪老翁住北州，北望鄉關雙淚流，老翁自言有三子，二人已向沙場死，如今小男新長城（成），明年還道更徵兵，要君長別必零落，不及相遇同死生，盡將田宅借鄰呂，年復聘零去鄉土，在生本願多子孫，及有誰知更新（辛）苦。

　　此詩與《唐詩紀事》卷二十五及《全唐詩》本最大的不同，在末尾尚有「近傳天子尊武臣，強兵直欲靜胡塵，安邊自合有長策，何必流離中國人」四句，這四句顯然是後來添加的，張謂於天寶二年登進士第，至肅宗乾元、代宗大曆尚在官位，歷經天寶安史亂事，本詩疑作於安史亂時，與杜甫「三吏」、「三別」相似，後值肅宗即位後，始有末四句之增添，意亦如杜甫哀王孫之勸慰，但後增四句是否出於作者本人，亦無從確證。

　　「負薪老翁住北州」，「住」《詩紀》、《全唐詩》本作「往」，考老翁若「往」北州，則何須向北跂望鄉關而流淚，且「往北州」亦與下文「去鄉土」不合。原住北州，今則伶傳去鄉土，與「北望鄉關雙淚

流」句意始合，《唐詩紀事》作「住」，與敦煌本同。

「北望鄉關雙淚流」，「雙淚流」《唐詩紀事》、《詩紀》及《全唐詩》作「生客愁」，強調作客在外，乃改為「生客愁」，敦煌本作「雙淚流」亦妥帖。

「老翁自言」《唐詩紀事》、《詩紀》、《全唐詩》倒為「自言老翁」，敦煌本語氣較順適。

「二人已向沙場死」，「沙場」各本作「黃沙」，沙場泛指戰場，黃沙專指塞外，考諸史實，安史亂事似作沙場為宜，待末尾增添四句，強調「安邊」，始將「沙場」改作「黃沙」？

「小男」《詩紀》、《全唐詩》作「小兒」，平仄不異，於意則同。《唐詩紀事》作「少男」，近乎敦煌本。「明年還道更徵兵」，各本「還」作「聞」，《詩紀》、《全唐詩》「更」作「又」，《唐詩紀事》作「更」，同敦煌本。「還道」有厭惡復沓意。

「要君長別必零落」，各本作「定知此別必零落」，上文若作「明年還道」，下文宜為「要君長別」，皆統一為臆揣的辭氣，改為「定知此別」的果斷語氣是不合的。

「不及相遇同死生」，各本「相遇」作「相隨」，若上文作「要君長別」，非短別，則下文自當為「不及相遇」方聯貫。今改為「定知此別」則與「不及相隨」相合。敦煌本句意自有神理貫注處。

「盡將田宅借鄰呂」，各本「鄰呂」作「鄰伍」，伍與下文韻腳「土」、「苦」均在上聲七麌韻，而劉商《聽唱竹枝歌》詩：「鴻雁南飛報鄰伍」，知鄰伍一語出於《晉書》，唐人所常用。敦煌本作「鄰呂」，呂在上聲六語，古亦通押，鄰呂有鄰長義，借為鄰侶作鄰伴解，亦可通。

「年復騁零」，各本作「且復伶俜」，騁零與俜伶同義，為防明年

徵兵，先期流離，故云「年復騁零」，年字亦有著落。

「在生本願多子孫」，「願」各本作「求」，意相近。本願多子孫，及有三子，誰知更為苦辛。至於「新長成」、「更辛苦」，敦煌本「成」誤書為「城」，「辛」誤書為「新」，抄寫之誤顯然，不贅論。

又有未錄詩題，未署作者姓名時，今考為岑參所作《寄宇文判官》詩，在《全唐詩》卷二百，頁二〇六四。敦煌本原文是：

> 如行殊未已，東望何時還，終朝風與雪，連天沙復山，二秋領公事，兩度到陽關，相憶不（可）見，別來頭已斑。

本詩與今存各本文字相差較少，「如行殊未已」，考明覆刊《宋書》棚本及《四部叢刊》影蕭山朱氏藏明正德刊本等「如」並作「西」。「如」有「往」、「從隨」的意思，古人有「如棠」、「如秦」的用法，「如行」本亦可通，後人以為難解，改為「西行」，以與「東望」相對。復考宋之問《題大庾嶺北驛》詩：「我行殊未已，何日復歸來。」此詩起首兩句，或學宋詩，則「如」或為「汝」之誤，汝指宇文判官。

「終朝」宋本、明本並作「終日」。考岑參《初過隴山途中呈宇文判官》詩：「十日過沙磧，終朝風不休。」所寫人與事，皆極相似，正用「終朝」，且老子有「飄風不終朝」句，疑岑詩本作終朝。若作「終日」，下六句頗似律詩拗句相救者，唯此詩第二句「東望何時還」為三平落腳，格律近於古詩。而「連天沙復山」、「二秋領公事」、「兩度到陽關」、「相憶不可見」、「別來頭已斑」，都合於新式古風的正則（參見《漢語詩律學》頁三九七）所以這詩是否能單憑全詩中部分的拗句格式，就認為應作「終日」還有待考慮。此外如「二秋」並作「二年」；「到陽關」並作「過陽關」，意並相近，可不論。「頭已斑」，宋本「斑」

作「班」，二字古通，作「斑」為宜。

本詩卷又抄錄七言絕句四十六首，均無詩題與作者姓名，大都為佚詩，其中今可考出者，一為高適的《別董大二首》之二，敦煌本原文是：

千里黃雲白日勳（曛），北風吹雁雪分分，莫愁前路無知己，天下誰人不識君。

本詩重見於敦煌卷伯二五六七號後拼之殘卷，該卷有作者並有詩題，題為《別董令望》，則董大為董令望，非如舊注所猜測為李頎詩中所贈的「董大」董庭蘭。

「千里黃雲」《四部叢刊》本《高常侍集》作「十里黃雲」，但《萬首唐人絕句》及東壁圖書本等仍作「千里黃雲」，考江淹雜體詩《古離別》有「黃雲蔽千里」句，知此二卷敦煌本並作「千里黃雲」不誤。

「白日勳」，當用陳子昂《入東陽峽》詩：「峰迴白日曛」一典，另本敦煌卷「勳」亦作「曛」，此卷當為誤字。「雪分分」另本敦煌卷作「紛紛」，與今存諸本同。

四十六首七言絕句中，另可考出者，為蔣維翰的《春女怨》詩，《唐詩紀事》及《詩紀》作「薛維翰」，《全唐詩》收在卷一百四十五，頁一四六七。敦煌本原文是：

白玉亭前雙樹梅，今朝政見數花開，兒家門戶尋常閉，春色因何得入來。

「白玉亭前雙樹梅」，「亭」，《唐詩紀事》、《詩紀》、《全唐詩》作

「堂」，大概是下文有「門戶尋常閉」句，故改為「堂」。其實「亭」在園中，園亦可有門戶閉者，作「亭」亦可通。

「雙樹梅」《唐詩紀事》、《詩紀》、《全唐詩》作「一樹梅」，一樹數花，可見早春撩人意，但「雙樹」亦可有雙雙對對意。「政見」《唐詩紀事》、《詩紀》、《全唐詩》作「忽見」，「政見」通作「正見」，「正見數花開」比「忽見數花開」更有咄咄逼人來意。

「春色因何得入來」，「得入來」《唐詩紀事》、《詩紀》、《全唐詩》作「入得來」，但詩中注「一本作『得入來』」。考《全唐詩》稿本第十八冊，知此詩所據為明黃德水所編《唐詩紀》，彼時所見版本有作「何緣得入來」下三字與敦煌本同者。

另考出七言絕句一首，為王昌齡《長信秋詞》五首之五，在《全唐詩》卷一百四十三，頁一四四五。敦煌本原文是：

> 長信宮中秋月明，照王殿內到衣聲，去羅帳裡無情悚，深處庭前不忍聽。

本詩於《四部叢刊》影宋本《才調集》、明萬曆吳氏校刊本《唐詩紀》及明正德十四年《王昌齡詩集》，並作：「長信宮中秋月明，昭陽殿下搗衣聲，白露堂中細草跡，紅羅帳裡不勝情。」下三句異文甚多。

考「照王殿內到衣聲」，「到」為「搗」之錯別字，但「照王殿內」乃上承秋月而言，本自暢順。疑後人受「猶帶昭陽日影來」句而改成「昭陽殿下」，昭陽殿為漢武帝后宮八區之一，後宮有搗衣聲亦自可通。

「白露堂中細草跡」似上扣首句秋月；「紅羅帳裡不勝情」似上扣第二句「昭陽殿」，則後人所改四句，意或雙寫「長信宮」與「昭陽

殿」，一邊淒涼一邊熱絡。敦煌本作「去羅帳裡無情悚」，句中或有錯字，後人讀來不通，故有改作，但原詩下接「深處庭前不忍聽」，二句意思單就長信宮寫，亦自有味。

　　下接一首，乃膾炙人口的岑參《逢入京使》，在《全唐詩》卷二百一，頁二一〇六。敦煌本原文作：

　　故園東望路曼曼，愁淚朝朝袖不乾，馬上相逢無紙筆，憑君傳語報平安。

　　「路曼曼」，前引各宋明刻本均作「路漫漫」，考《離騷》：「路曼曼其修遠兮」，正作「曼曼」，作「漫漫」亦通。

　　第二句於今存宋、明各刊本中，早改為「雙袖龍鍾淚不乾」，章燮《唐詩三百首注疏》以為龍鍾是「竹名」，喻年老者如枝葉搖曳不自禁持，這種說法是不對的，本詩卷陷蕃詩篇中有「故人相見淚龍鍾」句，《琴操·卞和歌》亦有「空山歔欷涕龍鍾」句，可見本詩中「龍鍾」是歔欷淚濕的意思，為唐人所常用。但岑參原句作「愁淚朝朝袖不乾」，句意尤為淺白。「故園東望路曼曼」寫出懷鄉空間的遙遠，「愁淚朝朝袖不干」寫出懷鄉時間的久長，這遙遠久長的時空鬱結，與下面電光火花樣匆遽相逢的瞬間時空相對照，教人一時情急，反不知該說些什麼才好，如此說來，作「愁淚朝朝袖不乾」也自有其匠心。

　　卷中又錄諸多陷蕃抒情詩後，再抄錄唐時名人詩篇多首，今存者為劉商的《胡笳十八拍》，作者與詩題俱存，較諸《全唐詩》本，且多詩序三行，今《全唐詩》載於卷三百三，頁三四五〇。敦煌本原文為：

第一拍

漢室將衰兮四夷不賓，動干戈兮征戰頻。哀哀父母生育我，見生離兮當此晨，紗窗對鏡未經事，只謂珠簾能蔽身。一朝虜騎滿中國，蒼黃之處逢胡人，分將薄命委鋒鏑，可料紅顏隨虜塵。

「見生離兮當此晨」，《全唐詩》稿本卷二百四十五劉商詩古體部分是用手抄本，《全唐詩》依之，考《全唐詩》「生離」作「離亂」，「晨」作「辰」，考敦煌別本伯三八一二號抄劉商《胡笳十八拍》亦作「見離亂兮當此辰」，知《全唐詩》亦有所本。離亂日久，而生離偏當此辰，則作「生離」為佳。

「只謂珠簾能蔽身」，《全唐詩》「只」作「將」，伯三八一二號本作「祇」，祇只同義，語氣肯定，代表以往肯定的看法，更能顯見幼稚、簡單的念頭。

「一朝虜騎滿中國」，《全唐詩》「虜」作「胡」，「滿」作「入」，伯三八一二號本亦作「入」。按胡、虜意近，用虜似更見民族之等差。「滿中國」則鐵蹄遍踏、無處藏身之意像甚明顯，較「入中國」為生動。

「蒼黃之處逢胡人」，《全唐詩》作「處處」，前已言「滿中國」，則不必再言「處處」，「蒼黃之處」專指被擄之期。

「分將薄命委鋒鏑」，《全唐詩》「分」作「忽」，前已言「蒼黃之處」，則不必再言「忽」，脈理已具。逢虜之日，自分難以苟活，作「分」字為佳。

「可料紅顏隨虜塵」，「料」字《全唐詩》作「惜」，前言自「分」，故下接「可料」，均為自我心理之描寫，作「可惜」則不合。

第二拍

馬上將余向絕域，厭生求死死不得，戎羯腥臊豈是人，豺狼喜怒難辜息，行盡天山足霜霰，風雨蕭條近胡國，萬里重音（陰）鳥不飛，寒沙莽莽無南北。

本拍異文較少，「腥臊」《全唐詩》作「腥羶」，考羶為羊臭，臊為獸肉腥臭，意則相近，同為平仄二用字。「辜息」《全唐詩》作「姑息」，作姑為是。

「行盡天山」，伯三八一二號本作「行到天山」，亦佳。又「風雨」《全唐詩》作「風土」，下文連接「蕭條」及「萬里重陰」，似以作「風雨」為宜。伯三八一二號本「風雨蕭條」作「數（朔）風蕭蕭」與第九拍重複，則此卷仍以作「風雨蕭條」最當。

第三拍

如縲囚兮在羈絏，憂慮百端無處說，使餘力兮取餘髮，食余肉兮飲余血，誠知煞身願如此，將余為妻不如死，果被蛾眉帶累人，空悲弱質柔於水。

「使餘力兮取餘髮」，《全唐詩》「力」作「刀」，「取」作「剪」，詩意本謂餘力則可用，餘髮則可取，即使余肉亦可食，余血亦可飲，此身可殺，唯不可將余為妻。今「力」誤作「刀」，遂以為用刀剪髮，「使余刀兮」句已不通。伯三八一二號本作「力」字甚清晰。

「將余為妻不如死」，「將」《全唐詩》作「以」，「將」字聲響，語氣亦強。「果被蛾眉帶累人」，「帶累人」《全唐詩》作「累此身」，前煞身已用「身」字，此作「帶累人」為宜，伯三八一二號本作「帶

類人」，「類」字疑為「累」之同音誤書。

「柔於水」《全唐詩》作「柔如水」，柔於水，為較水更柔，不啻「柔如水」

第四拍

山川路長誰記得，何處天涯是鄉國，自從驚怕少精神，不覺風霜損顏色，夜中歸夢雖來去，瞢□豈解傳消息，漫漫胡天叫不聞，明明漢月應相識。

「驚怕」《全唐詩》作「驚怖」，意相近。「夜中歸夢雖來去」，「雖來去」《全唐詩》作「來又去」，「來又去」見得來去頻仍而自由，作「雖來去」則謂「雖或來去」，似較入情，伯三八一二號本作「雖去來」，入聲韻腳，出句末字用平為佳，神、來、聞均為平聲。

「瞢□」疑為「瞢騰」，《全唐詩》作「朦朧」，瞢騰狀神志不清明，王建《宮詞》：「香衾暖處睡瞢騰」，正唐人所常用。「朦朧」為月將入貌，伯三八一二號本作「朦朧」是目不明貌，瞢之本義亦為目不明，含義相近，後人易為「朦朧」，義略有別。

第五拍

水頭宿兮草頭坐，風吹漢地衣裳破，羊脂沐髮長不梳，羔子皮裘領仍左。狐狸襟袖腥復羶，晝披行兮夜披臥，年年歲歲祇如此，日長月長不可過。

「草頭坐」，伯三八一二號本作「草頭臥」，水頭宿已含臥意，此以一坐一宿為宜。

　　「狐狸襟袖」《全唐詩》作「狐襟貂袖」，用意相近而益見修飾。末尾「年年歲歲只如此」，《全唐詩》作「氈帳時移無定居」，「日長月長不可過」作「日月長兮不可過」，似後人覺歲月字過多，而為其潤飾者。

　　復考伯三八一二號本，第五六句作「沙塞茫茫路幾千，狐衿貂袖騷復氈」，第七八句作「晝披行兮夜披臥，日長月長兮不可過」，句意雖可通，但「臥」、「過」本為隔句押韻，如此改作，音節不合。

第六拍

　　怪是春光不來久，胡中風土無花柳，天翻地覆誰得知，如今（向）南看北斗，姓名音旨兩不達，度日經年長閉口，是非取與在指媯，言語傳情不如手。

　　「如今向南看北斗」，向字原缺，以伯三八一二號本補，《全唐詩》「向」作「正」，向字似較宜，謂季節錯亂，南北反轉，時空大有不同。

　　「姓名音旨兩不達」，《全唐詩》「音旨」作「音信」，「達」作「通」，此句意在與胡人言語不通，故長年閉口，以指媯手語傳情而已。今誤為「音信」，大乖原意。伯三八一二號「在指媯」作「逐指媯」，均為比手畫腳，猜測手語之意。

　　「度日經年」，「度日」《全唐詩》作「終日」，「終日經年」用意重複，不如敦煌本作「度日」。

第七拍

　　男兒婦人帶弓箭，塞馬蕃羊臥霜霰，寸步東西豈自由，偷生未死非情願，龜慈篳篥愁中聽，碎葉琵琶夜深怨，竟夕無雲月上天，故鄉

應得同相見。

「偷生未死非情願」，「未」《全唐詩》作「乞」，謂「乞死非情願」，
則與作者原意實相反，「乞死」不如「未死」為當。

「故鄉應得同相見」，「同」《全唐詩》作「重」，千里嬋娟，故鄉
同見，於意甚順。今書作「重相見」則似不指月而指人，與全詩詩旨
不合。伯三八一二號本的末句作「故鄉一別何時見」，則意與月無關。

第八拍

當初蘇武單于問，道是賓鴻為傳信，學他刺血作得書，書上千重
萬重恨，髯鬍少年能走馬，彎弓射煞無遠近，遂令邊雁轉怕人，絕域
何皆（階）達方寸。

此第八拍《全唐詩》為第九拍，考敦煌卷伯三八一二號本此亦為
第九拍，知《全唐詩》所本另有淵源。

「道是賓鴻為傳書」，「為」《全唐詩》作「解」，「為」是實情，「解」
字尤寓傳奇性。「學他刺血作得書」，「作」字《全唐詩》為「寫」，作
書寫書，意並相近。

「彎弓射煞無遠近」，《全唐詩》「煞」作「飛」，「煞」字伯三八一
二號卷子本亦作「飛」，彎弓射飛羽，遂令邊雁怕人，意乃一貫，作
「飛」為佳。

「絕域何皆達方寸」，「皆」字伯三八一二號本作「階」，作「皆」
不通，作「階」為「階緣以進」義，義本可通，階省為皆，後人不解，
故《全唐詩》本已改作「由」字。

第九拍

憶昔私家恣嬌小，遠取珍禽學馴擾，如今淪棄憶故鄉，悔不當（時）放林表，朔風蕭蕭寒日暮，情何（星河）寥落胡天曉，旦夕思歸（恨）此身，愁心想得籠中鳥。

此第九拍《全唐詩》為第八拍，考伯三八一二號亦列為第八拍。

「遠取珍禽」句，禽字本卷似寫作「從羽今聲」的俗體，亦當為「禽」字，《全唐詩》作「禽」不誤，伯氏三八一二號改為「琴」字，則與下文「放諸林表」意不合，當為音近而誤書。

「憶故鄉」《全唐詩》作「念故鄉」，意同。又「悔不當（時）放林表」，時字本卷漏奪，據伯氏三八一二號補，《全唐詩》作「初」亦通，但此處「當時」實為養禽之時，即首句「憶昔」的昔時，較「當初」為佳。

「情何寥落胡天曉」，句意不通，「情何」伯三八一二號作「晴河」，仍不通，俱為同音借字，《全唐詩》作「星河」為當。

「旦夕思歸恨此身」，謂心雖欲奮飛，恨此身不如鳥，故有「愁心想得籠中鳥」句，《全唐詩》「恨此身」三字作「不得歸」，不如敦煌本為佳。「想得」《全唐詩》作「想似」，意可兩通。

第十拍

恨陵辱兮惡腥羶，憎胡地兮悲胡天，生得胡兒擬棄捐，及生母子情宛然，朝朝暮暮人眼前，腹生手養能不憐。

「陵辱」，伯三八一二號本作「凌辱」，《全唐詩》亦作「凌辱」，陵凌通用。「擬棄捐」《全唐詩》「擬」字作「欲」，意亦同。

「朝朝暮暮人眼前」，謂時刻繞人眼前，惹人憐愛，《全唐詩》作「在眼前」，意亦相近，用「人」字意象更具體。又「能不憐」《全唐詩》作「寧不憐」，意亦相近。

第十一拍

日來月往相推遷，迢迢星紀欲周天，無冬無夏對霜霰，草青草枯為一年，漢家甲子有正朔，絕域三光空自懸，幾回鴻雁來又去，腸斷蟾蜍虧復圓。

「日來月往相推遷」，「推遷」《全唐詩》作「催遷」，以「推遷」為是。

「星紀」《全唐詩》作「星歲」，考伯三八一二號作「歲星」，按星紀為星次名，《晉書・天文志》謂南斗十二度至須女七度為星紀。則星紀周天，如黃道十二宮的周天。而「歲星」即木星，古人以其歲行一次，十二歲而一週天，與「星紀」義近。本詩序謂「文姬在胡中十二年」，故用星紀。《全唐詩》作「星歲」則有誤。白居易《敘德書情四十韻》有「福似歲星移」，歲星亦為唐人所常用，但意不同。

「對霜霰」《全唐詩》作「臥霜霰」，第七拍羊馬則臥霜霰，此拍為人則臥不如對。「草青草枯為一年」，塞外無曆日，但見草青草枯為一年，意自生動，《全唐詩》作「水凍草枯為一年」，不如敦煌本。

第十二拍

破瓶落水甘永沉，故鄉望斷無歸心，寧知遠使問名姓，漢語泠泠傳好音，夢魂幾度到鄉國，覺後翻令哀怨深，如今莫是夢中事，喜過悲來情不任。

「破瓶落水甘永沉」，瓶破落水，無能再用，故甘於永沉，其意實悲。《全唐詩》「甘」字作「空」則不切。

「問名姓」《全唐詩》作「問姓名」，本詩第三句末宜用仄聲，《全唐詩》有誤。

「如今莫是夢中事」，乃疑問句，指漢使傳語，將返鄉國，莫非是夢中的事？《全唐詩》「莫」字作「果」，說果然是夢中的事，語氣太直，作「莫」自有意趣。

第十三拍

童稚牽衣在人側，將來不可留又憶，遇鄉借（惜）別情兩隨，寧去胡兒歸舊國，山川萬里復邊戍，背面無由得消息，淚痕滿眼看夕陽，終日依依向南北。

「在人側」《全唐詩》作「雙在側」，本詩序謂文姬「生二子」，故改「雙在側」，「在人側」極富童稚惹人憐意。「還鄉借別情兩隨」，句中疑有錯字，原卷還字寫兩遍，字體又近「遠」，惜又誤書「借」，「情」字含混不清，考敦煌伯三八一二號本作「還家惜別難兩隨」，句意完善，《全唐詩》作「還鄉惜別兩難分」。

「寧去胡兒歸舊國」，「去」字《全唐詩》作「棄」，敦煌伯三八一二號本亦作「棄」，《全唐詩》自有所本。但作「棄」略嫌無情，第十拍未生可言「棄」，及生之後，情誼出於天賦，棄字不宜出自母口，以作「去」為宜。

「淚痕滿眼看夕陽」，伯三八一二號本「眼」字作「目」，《全唐詩》作「淚痕滿面對殘陽」，眼與目，意義相同，後人以「淚痕」縱橫，以滿面為宜，滿面則不用「看」字，故改為「對」。今考劉商《秋夜聽唱

竹枝歌》：「淚痕滿面看竹枝」，既用滿面，亦用看，劉商此詩作淚痕滿面，彼詩作淚痕滿眼，句法相似。

第十四拍

莫似胡兒可羞恥，恩情且各言其子，手中十指長短殊，截之痛惜皆相似，還家豈不見親族，念此飄零隔生死，南風萬里吹我心，心亦隨風過遼水。

敦煌伯三八一二號本此為第十五拍，與十四拍互換。詩中「莫似胡兒可羞恥」，「似」作「以」，「恩情且各言其子」，「且」作「亦」；「還家」句「家」字作「鄉」，「過遼水」句「過」字作「渡」，此四字，《全唐詩》皆同伯三八一二號本，「似」宜作「以」，其餘三字意均相近。

「手中十指長短殊」，《全唐詩》下三字作「有長短」，「殊」字對長短不同作特別強調，與下文「痛惜皆相似」相連，自成對照。且「殊」為平聲，用於三句之末，音調較美。

第十五拍

嘆息襟懷無定分，當初怨（來）歸又恨，不知愁怨刑若何？如有鋒芒攪方寸！悲歡並行情不決，心意相尤自相問，不緣生得天屬親，肯向仇讎起恩信。

「當初怨來歸又恨」，「來」字漏寫，據伯三八一二號補，又「初」字該號作「時」，《全唐詩》亦作「時」，考此句作「初」為佳。用「當初」亦包含「當時」意，且有「初始來時」意，時間較為確定。

「不知愁怨刑若何」，謂愁怨刑人，痛楚如何？有若鋒芒，攪痛方

寸。伯三八一二號本「刑」寫作「形」，與下文不相通，後人遂又改字，今《全唐詩》「刑」改作「情」，不如原作「刑」字深刻。

「悲歡並行情不決」，伯三八一二號本作「情未決」，意尚相同，今《全唐詩》誤「決」為「快」，作「情未快」改損原作情韻不少。

第十六拍

來時只覺天蒼蒼，歸路始知胡地長，重陰白日出何處，秋雁所向應南方，平砂四顧自迷惑，遠近依依隨雁行，征途未盡馬蹄盡，不見行人邊草黃。

「來時」《全唐詩》作「去時」，考十三拍中「將來不可留又憶」，已明言歸漢為「來」，則此拍歸漢時作，亦當云「來」。

「歸路」《全唐詩》作「歸日」，歸路與上句「來時」同意，《全唐詩》則以「歸日」與當年「去時」相對。敦煌伯三八一二號本亦作「來時」與「歸路」，考第三句已用「日」字，自以作「歸路」為佳。

「重陰白日出何處」，謂凌晨出發，重陰蔽天，尚不知日出何方，但依秋雁所向定為南方。《全唐詩》「出」字作「落」，亦可通。

「秋雁所向應南方」，伯三八一二號本「秋」字作「飛」，秋雁向南，春雁向北，作飛雁有語病，作秋雁則所向必為南方，作秋為當，《全唐詩》亦作秋。

「遠近依依隨雁行」，「依依」《全唐詩》作「悠悠」，隨雁行則作「依依」亦可通，不必改為「悠悠」。考劉商《柳條歌送客》：「依依送君無遠近」，亦用「遠近」與「依依」在同一句中。

第十七拍

行過胡天千萬里，唯見寒砂朔風起，馬飢踏雪唧草根，人渴敲冰飲流水，燕山彷彿辨烽戍，鞞鼓如聞漢家壘，怒（努）力前程是帝鄉，生涯免向胡中死。

「行過胡天千萬里」，伯三八一二號本「天」作「山」，作「天」亦本佳，《全唐詩》亦作「天」。

「唯見塞砂朔風起」，《全唐詩》作「唯見黃沙白雲起」，黃沙白雲，季節不明，敦煌本確定為冬季，與下文踏雪敲冰相應。

「踏雪」《全唐詩》作「跑雪」，考伯三八一二號本作「馳雪」，則作「跑雪」亦自有所本。

「生涯免向胡中死」，「生涯」《全唐詩》作「生前」，「前」字與上句重出，意亦不通，敦煌本作「生涯」為宜。

第十八拍

歸來故鄉見親族，田園荒蕪秋草綠，月燭重然委爐灰，寒泉更洗沈泥玉，再持巾櫛禮儀好，一弄絲桐生死足，出入天山十二年，哀情盡在胡笳曲。

「田園荒蕪秋草綠」，「荒」字伯三八一二號本作「半」，今《全唐詩》亦作「半」，自有所本。「秋草綠」《全唐詩》作「春草綠」，謂春草方可言綠。其實敦煌本秋草亦言綠，以見故鄉地暖，與塞上不同，亦可通。

「月燭重然委爐灰」，「月燭」伯三八一二號本作「銀燭」，《全唐詩》本作「明燭」。此句「委爐灰」指爐灰重燃，與下句「泥玉更洗」

意同，慶生命能新生。考伯三八一二號本則作「煨爐灰」，《全唐詩》亦同，煨爐之灰得使銀燭重燃，意更順當，「委」、「煨」字疑因音同而誤書，「爐」、「爐」意近且形近，或亦誤書。

「再持巾櫛禮儀好」，「再」有「重新」義。《全唐詩》作「載」，疑音近而誤。

「出入天山十二年」，「天」《全唐詩》作「關」，「關山」則泛指遠方，「天山」則地點確定，且與第二拍「行盡天山足霜霰」首尾呼應，本詩序言「胡中十二年」，用「出入天山十二年」自佳。

十八拍之後，接劉長卿《高興歌》，可惜已佚，無從對勘，後又接抄多首閨怨詩，未署作者，其中查出詩題《閨情怨》一首為王諲所作，在《全唐詩》卷一百四十五，頁一四七一，詩題今作《閨情》。考敦煌本原文作：

> 日暮裁縫罷，深嫌氣力微，才能收篋笥，懶起下簾帷，怨坐空燃燭，愁眠不解衣，昨來頻夢見，夫婿莫應歸？

全詩大體多同，「愁眠」的「眠」字破損，所剩類「多」字，應作「眠」字。唯末句「夫婿莫應歸」，「歸」字《全唐詩》作「知」，考權德輿《玉台體》詩「莫是薰砧歸」，婦人直覺地重視瑞兆，推測莫非是丈夫應該回家啦？敦煌本作「莫應歸」字較「莫應知」為佳。

又有《閨情》一首，未署作者姓名，今考為孟浩然所作，在《全唐詩》卷一百六十，頁一六五六，詩題今仍為《閨情》。敦煌本原文是：

> 自別隔炎涼，君衣忘短長，欲裁無處等，回尺忖情量。畏瘦傷縫

窄，猜寒稍厚裝，伴啼封裹了，知欲寄誰將！

「自別」二字今存各本孟浩然集均作「一別」，自別句謂自從分別以還，已隔寒暑，故君衣的短長尺寸已忘卻。又考伯三八八五號詩卷亦錄此首，作「別後隔炎涼」，與「自別」意近。

「欲裁無處等，回尺忖情量」，今存各本「欲裁」作「裁縫」；「回尺」作「以意」。心欲剪裁，無處比量，故而回尺躊躇，用「回尺」字使閨情益為具體。又考伯三八八五號上句作「欲裁無等處」意亦同。

「畏瘦傷縫窄」，唐百家詩本作「畏瘦疑傷窘」，作「窘」不佳。黃丕烈藏書楊氏影印宋本孟集，及《四部叢刊》印江南圖書館藏明刊本均作「畏瘦宜傷窄」，疑、宜同音，作「宜」亦不佳。《全唐詩》作「畏瘦疑傷窄」，似兼采諸本之長。今見敦煌本作「畏瘦傷縫窄」，則與下文「猜寒稍厚裝」屬對較準，且「縫窄」字樣，非裁衣不能道，較泛稱「傷窄」尤見女紅匠心。

「猜寒稍厚裝」，今存各本孟集均作「防寒更厚裝」，「猜」字多費思量，用心柔細，「防」字則粗壯；「稍」字謹慎從事，用心柔細，「更」字則粗壯，衡諸女兒心態，以敦煌本為佳。

「伴啼封裹了」，「伴」今作「半」，意本為伴著啼聲，將新衣封裹。今存各本孟集均作「半啼」，意雖可通，似敦煌本為佳。復考伯三八八五號本「伴」字旁又注一「含」字，則唐人抄寫時以為「伴啼」為「含啼」之意。

另有詩題為「詠拗籠籌」五律一首，未署作者姓名，但因末尾「一朝權入手，看取令行時」二句，已成諺語，家喻戶曉，考錢大昕《恆言錄》卷六云：「一朝權入手，看取令行時，朱灣詩也。」阮常生補注云：「亦見崔戎酒籌詩」，崔戎詩未見出處，朱灣詩則見於《中興閒氣

集》卷上，題為「奉使設宴戲擲籠籌」，及《全唐詩》卷三百六，詩題同《中興閒氣集》。《全唐詩》謂朱灣在貞元元和間，為李勉永平從事。而《中興閒氣集》序文謂所錄皆大曆末年之前所作，則朱灣本詩，所作不應晚於代宗時。本詩字跡較大，與前所抄盛唐人作品不同。敦煌本原文是：

　　幸得陪罇俎，良籌復在茲，獻酬君有禮，賞罰我無私，莫怪斜相向，還將正自持，一朝權入手，看取令行時！

　　《全唐詩》此詩底稿即據《中興閒氣集》，故《全唐詩》與《中興閒氣集》，文字全同。與此敦煌本不同處，只在首句「幸得陪罇俎」作「今日陪樽俎」。此二字的不同，似與詩題改易有關。若直詠籠籌，則云「幸得」，係指物而語；若題有「奉使設宴」字，則宜用「今日」，不固定指物，亦兼紀事。敦煌本的出現，得知本詩原先純為詠物詩，較佳。

敦煌伯三六一九號卷子中
四十一首唐詩的價值

　　敦煌石室的抄本中，發現了許多唐代人抄錄的唐詩，這些抄本的詩，應該最接近唐詩的原作，因為年代接近，訛誤較少。但是許多被後世改動過的詩，傳誦人口，已成習慣，當敦煌卷本出現時，許多人受了先入為主的影響，對新出現的文句，多少帶些排斥的心理，好像會動搖他原本的權威想法似的。

　　其實詩句中用哪個字比較美好，是一件事，哪個字較接近詩人的原作，又是另一件事。何況敦煌卷本出現用來比對以後，讓我們恍然覺悟現存的詩篇中，由於字形、字音的訛誤，已有許多不通、矛盾的地方，居然流傳日久，未曾發現。

　　敦煌卷本中出現許多現今不存的詩篇，也出現不少連姓名都湮滅的作者，這些詩篇的收存，在輯佚方面極有價值。即使是現今尚存的作品，由於文字有了出入，意義也會變動，在校勘方面價值也極高，我們要想欣賞唐詩、研究唐詩，不能不把詩篇的文字異同，先作精密

的校勘，敦煌卷本的出現，給我們最有力的明證。

　　本文要介紹的是敦煌伯三六一九號卷子中的唐詩，除其中劉希夷的四首詩另有專文介紹外，本文介紹的詩篇包括有郭震、崔顥、暢諸、皇甫斌、宋之問、蔡希寂、李邕、祖詠、王維、高適、李斌、沙門日進、渾維明、蘇乩、哥舒翰、崔希逸、蕭沼、王烈、桓顥、史昂等的詩。本文以校勘為主，所以討論時偏重現今尚存的作品。

　　本卷中第一首是蘇乩的詩，作者姓名早經湮沒，將並於下文《游苑》詩中討論，現在第一首要談的詩，是郭元振（震）的作品：

寶　劍　篇

　　君不見昆吾鐵冶飛炎煙，紅光紫氣俱赫然，良工斷（鍛）煉經幾年，鑄得寶劍名龍泉，龍泉顏色如霜雪，良工咨嗟嘆其絕，琉璃玉匣吐蓮花，錯縷金環生明月，賴逢天下無風塵，幸得用防君子身，精光黯黯青蛇色，文章片片綠龜鱗，非但結交遊俠子，亦曾親近英雄人，何期中路遭棄捐，零落飄輪（淪）古獄邊，雖復□（沉）埋無所用，猶能夜夜氣沖天。

　　本詩題《文苑英華》卷三百四十七及《唐詩紀事》卷八作郭元振《古劍歌》，《詩紀》、《全唐詩》作《古劍篇》，題下有「一作寶劍篇」五字，考《唐書》卷百二十二記郭震嘗盜鑄及非法掠賣事：「武后知所為，召欲詰，既與語，奇之，索所為文章，上『寶劍篇』，后覽嘉嘆。」則《唐書》所記詩題與敦煌本同，敦煌伯三八八五號亦錄本詩仍作《寶劍篇》。敦煌卷及《詩紀》、《唐詩紀事》署名為「郭元振」，即郭震之字，《全唐詩》署名為郭震。

　　「良工斷煉經幾年」，斷為鍛之誤字。伯三八八五號斷字旁注「團」

字亦誤。《英華》本、《唐詩紀事》、《詩紀》本、《全唐詩》皆作「鍛」。《唐詩紀事》、《詩紀》、《文粹》「經幾年」作「凡幾年」，《英華》本作「經」與敦煌本同。

「良工咨嗟嘆其絕」，敦煌本咨字本又加口旁，系俗寫。《唐詩紀事》「咨嗟」作「嗟咨」，「其絕」各本作「奇絕」。

「賴逢天下無風塵」，伯三八八五號同，各本「賴」作「正」。

「幸得用防君子身」，伯三八八五號同，《詩紀》「用」作「周」，《英華》本及《唐詩紀事》作「用」與敦煌本同。

「非但結交遊俠子」，伯三八八五號同。《英華》本、《詩紀》、《唐詩紀事》「但」作「直」，但，定母字，直，澄母字，古雙聲音近互用，《詩經·定之方中》「匪直也人」，這「匪直」就是「非但」的意思。

「亦曾親近英雄人」，《英華》本「曾」作「常」，伯三八八五號卷子、《唐詩紀事》、《文粹》及《詩紀》均作「曾」，與敦煌本同。

「何期中路遭棄捐」，伯三八八五號同。《英華》本、《唐詩紀事》、《詩紀》「何期」作「何言」，中路有時間性，作「何期」為佳。

「零落飄輪古獄邊」，《英華》本、《詩紀》「飄」作「漂」，《唐詩紀事》作「飄」，二字通用，各本「輪」作「淪」，作「淪」為確。

「雖復□埋無所用」，敦煌本缺第三字，《英華》本、《唐詩紀事》作「沉」，《詩紀》、《全唐詩》作「塵」，作「沉」為是。蓋用雷次宗《豫章記》：「吳未亡，恆有紫氣見牛斗之間……是寶物也，精在豫章豐城，張華遂以孔章為豐城令，至縣，掘深二丈，得玉匣，長八尺，開之，得二劍，其夕鬥牛氣不復見。」據下文「夜夜氣衝天」，則當是指沉埋在二丈深的寶劍。考伯三八八五號殘卷引此詩，正作「沉」。

此篇《寶劍篇》之後，有劉希夷的《死馬賦》、《白頭翁》、《北邙篇》（今作《洛川懷古》）及《搗衣篇》，劉希夷的詩除《死馬賦》外，

其餘均在，已見前《敦煌本劉希夷詩四首的價值》一文。

　　敦煌原卷，以上均字體略大，自《登黃鶴樓》詩題之後，字體小而密。作者甚多，大體上人各一首，亦有再出者，首先是崔顥的《登黃鶴樓》：

登黃鶴樓

　　昔人已乘白雲去，茲地唯餘黃鶴樓，黃鶴一去不復返，白雲千載空悠悠，晴川歷歷漢陽樹，春草青青鸚鵡洲，日暮鄉關何處在，煙花江上使人愁。

　　本詩唐人已甚注意，《國秀集》卷中、《河岳英靈集》卷中均收錄，《文苑英華》卷三一二、《唐詩紀事》卷二十一亦收錄，題目《河岳英靈》作《黃鶴樓》，《唐詩紀事》、《唐詩紀》本之，《國秀》作《題黃鶴樓》，《文苑英華》作《登黃鶴樓》，與敦煌本同。

　　「昔人已乘白雲去」，《英華》、《河岳》、《國秀》、《唐詩紀事》均同，《唐詩紀》及《全唐詩》也還作「昔人已乘白雲去」，只在白雲下注「一云作黃鶴」，可見宋代以前的書還沒有乘黃鶴的說法，元代吳師道《詩話》中曾討論到乘黃鶴還是乘白雲的問題，提及當時人曾附會「黃文禕駕鶴登仙於此」、「仙人子安乘黃鶴過此」，才開啟後人改成「昔人已乘黃鶴去」的奇想。明人吳琯等作《唐詩紀》，猶以「白雲」為正，兼采異文「一云作黃鶴」，直接改成乘「黃鶴」的可能是清初順治十七年（西元 1660 年）「選批《唐才子詩》」的金聖歎，他不但以乘「黃鶴」為正，並批評說：「有本乃作『昔人已乘白雲去』，大謬，不知此詩，正以浩浩大筆，連寫三『黃鶴』字為奇耳！且使昔人若乘白雲，則此樓何故乃名黃鶴？此亦理之最淺顯者。至於四之忽陪白雲，正妙

於有意無意，有謂無謂，若起手未寫黃鶴，先已寫一白雲，則是黃鶴白雲，兩兩對峙，黃鶴固是樓名，白雲出於何典耶？且白雲既是昔人乘去，而至今尚見悠悠，世則豈有千載白雲耶？不足當一噱已！」（頁四二）金氏強詞奪理，乘鶴的附會乃起於元代，而崔詩原本是白雲黃鶴，四句回轉，結構勻稱，第一句白雲一去，第四句白雲還在；第二句黃鶴還在，第三句黃鶴一去，糾繚迴環，用意絕妙。被金氏這幾聲恫嚇，所以清初康熙五十六年（西元 1717）時編《唐詩別裁》的沈德潛，在卷十三裡錄的詩，變成「昔人已乘黃鶴去」，連「一作白雲」都免了！孫洙編《唐詩三百首》是在乾隆癸未年（西元 1763），律詩部分參考《唐詩別裁》不少，自然也作「昔人已乘黃鶴去」了！至今傳誦人口，迷本忘原，待敦煌本出現，才更確信唐人原本如此。

「茲地空餘黃鶴樓」，《河岳》、《唐詩紀事》「茲」作「此」，《國秀》、《英華》仍作「茲」，同敦煌本。《英華》本「餘」作「遺」，《全唐詩》底本校文「餘」一作「留」，或出《唐文粹》，意並近。

「白雲千載空悠悠」，《國秀集》「載」作「里」，《河岳英靈集》「空」作「共」，餘各本同敦煌本。

「春草青青鸚鵡洲」，《國秀》、《英華》同敦煌本。《河岳》、《唐詩紀》「青青」作「萋萋」，《唐詩紀事》作「淒淒」。《唐詩紀》「春」下有「一作芳」三字，金聖歎改從「芳」，沈德潛《唐詩別裁》、孫洙《唐詩三百首》均依從作「芳」，宋代以前均作「春」，與敦煌本同。其實「春草青青」四字均為齒音字，摹寫精細、淒迷的景象，在音響上是諧合的，改作唇音「芳」字並不好。

「日暮鄉關何處在」，「處」字漏脫，旁注仍隱約可見。各本「在」並作「是」，唯《唐詩紀・盛唐卷》之三十一，在是下注「一作在」，是今存尚有與敦煌本同者。

「煙花江上使人愁」，各本「煙花」均作「煙波」，考李白詩「黃鶴樓送孟浩然下惟揚」有「故人西辭黃鶴樓，煙花三月下揚州」，相傳李白曾見崔顥此詩，嘆息道：「眼前有景道不得，崔顥題詩在上頭。」（見宋人計有功的《唐詩紀事》卷二十一）則李白詩中的「煙花」顯然是從崔顥詩中學來的，崔詩中「春草青青」正是「煙花三月」的景象，敦煌本的「春」被改成「芳」，「花」被改成「波」以後，李白學崔顥的痕跡就無從考得了！

「登黃鶴樓」之後，第七首《度巴硤》，沒署作者，經我考查也是崔顥的作品，王重民誤以為是李邕的佚詩。

度 巴 硤

客從巴硤度，傳子訴行舟，是日風波濟，高塘雨半收，青山滿蜀道，溇水向荊州，不作書相慰，何能散別愁。

這詩吳琯的《唐詩紀》中有收錄，在《盛唐卷》之三十一，今本題目是《寄盧八象》，《全唐詩》卷一百三十也收本詩，題目是《贈盧八象》，「贈」下並注：「一作寄」，「一作」就是指《唐詩紀》，而《全唐詩》所錄必另有所本，文字亦有不同。

「客從巴硤渡」，《唐詩紀》、《全唐詩》「硤」作「水」，首句破題，題為度巴硤，則本當作巴硤，硤即峽字。題目改後，始易為水。

「傳子訴行舟」，《唐詩紀》、《全唐詩》「子」作「爾」，意同。可能都指盧象。祖詠亦有留別盧象詩，崔顥、李邕、盧象、祖詠均為開元時代人物。「訴」作「泝」，作「泝」為是，溯流而上。

「是日風波濟」，《唐詩紀》、《全唐詩》「濟」作「霽」，下句云「雨半收」，則作霽為宜，說文霽為「雨止」。作濟則取渡義，首句已云

度，不宜重複。

「高塘雨半收」，《唐詩紀》「高塘」作「高唐」，《全唐詩》作「高堂」，考高唐本為楚台觀名，因宋玉作《高唐賦》，後世以高唐與巫山云雨同義，從巴硤逆流而上，其後望見巫山十二峰，然後進入蜀地，據此則作「高唐」為是。

「不作書相慰」，《唐詩紀》、《全唐詩》「慰」作「問」，意近而「慰」字尤覺親切。

「何能散別愁」，《唐詩紀》、《全唐詩》「何」作「誰」，意近。

「登觀鵲樓」詩是抄在崔顥《登黃鶴樓》的後面：

登觀鵲樓

城樓多峻極，列酌恣登攀，迴林飛鳥上，高榭代人間，天勢圍平野，河流入斷山，今年菊花事，並是送君還。

《全唐詩》收有《暢諸早春》詩一首（索引漏列），在卷二百八十七，大概是據《唐詩紀事》卷二十七轉錄的。《全唐詩·暢當小傳》云：「與弟諸皆有詩名」，是暢當、暢諸所作不少，皆有大量詩作散佚。敦煌卷此首亦屬佚詩，題為《登鸛鵲樓》，「鸛」誤書「觀」，「鵲」與「雀」通用。《全唐詩》卷二百八十七收暢當「登鸛雀樓」詩五言絕句：「迴臨飛鳥上，高出世塵間，天勢圍平野，河流入斷山」，《文苑英華》卷三一二刻有「張當」詩「登觀雀樓」四句，「觀」字誤書，與敦煌本同。及敦煌本出現，方知此四句乃暢諸詩中的四句，則本詩半佚半存，而作者已誤為暢當、張當。

「迴林飛鳥上」，文句不通，核對《英華》本、《全唐詩》知「林」為「臨」的誤書，但《英華》「迴」又誤作「迴」。

「高榭代人間」，語氣不順，《英華》本作「高謝世人間」，「謝」字下注：「詩選作出」，唐人避「世」字諱，用「代」字代替，如李斌《劍歌》「未向代人傳」，「代」實為「世」，但兩種版本均不通順，疑當作「高榭出人間」。核對《全唐詩》底本（即錢謙益《唐詩纂》）卷一百八十八暢當卷，原為「高出世人間」，又硃筆改「人」為「塵」，恐只憑音同而改，底本有「玉蘭堂」印，因此不知這字的改動，是始於明代的文徵明，還是清代的季振宜，《全唐詩》就照改成「高出世塵間」了，與敦煌本相去甚遠，《英華》本雖不通，但尚存敦煌本輪廓。「迴臨飛鳥上，高榭出人間」句本順適。

「天勢圍平野」，《英華》本「圍」誤作「圖」，錢謙益《唐詩纂》及《全唐詩》作圍，與敦煌本同。

其後為皇甫斌詩一首：

登歧州城樓

歧雍三秦地，登臨實壯哉，客心關外斷，秋氣瀧頭來，歸目浮雲弊（蔽），寒衣早雁催，他鄉有時菊，留賞故人杯。

《文苑英華》及《全唐詩》都未收皇甫斌的詩，這首詩不但是佚詩，也記錄了一位佚失了千年的詩人。

詩中「歧」字是「岐」的錯誤，「弊」字是「蔽」的錯誤，「外斷」二字字跡不明，是據王重民的認定。

其後又有宋之問詩一首：

度大庾嶺

度嶺方辭國，停軺一望家，魂隨南翥鳥，淚盡北枝花，山雨初含

霽，江雲欲變霞，但令有歸日，不敢恨長沙。

這詩收在《文苑英華》卷二九〇及《全唐詩》卷五十二，《全唐詩》本於《詩紀》，全詩異文僅一字，即「但令有歸日」今本作「但令歸有日」，當時律詩格調不甚嚴謹，後人或嫌其平仄不合，略為倒轉。

此首之後，連錄一首，好像是「度大庾嶺」二首，但內容不合，應該是漏寫詩題與作者，原詩是：

城邊問官使，早晚發西京。來日河橋柳，春條幾寸生？昆池水合淥？御苑草應青？緩緩從頭說，教人眼暫明。

本詩作者顯然是在一個柳不生、水不綠、草不青的城邊問官使，與往南方度大庾嶺的情景不合，王重民以為是宋之問《度大庾嶺之二》，可能不對。應該是另有詩題、另有作者，漏寫一行，遂並為宋之問詩。

倒是在十二首以後，又錄宋之問詩一首，沒有詩題：

江上越王台，登高望幾回，南名天外合，北戶日邊開，地濕煙常起，山青霧半來，冬花掃蘆橘，夏菓摘楊梅。

考本詩《文苑英華》卷三一三收錄，是宋之問「登越王台」詩，《詩紀·初唐》卷三十五及《全唐詩》卷五十三作「登粵王台」，考百越或稱百粵，是越粵可通。但越王台有二，一為漢時趙佗所築，在今廣東。一為越王句踐所登眺，在會稽稷山。宋之問曾下遷為越州長史，後又流欽州，其足跡所歷，詩歌所賦，此二越王台均有可能登臨

過。但宋之問詩《桂州黃潭舜祠》有「虞世巡百越，相傳葬九疑」句，此百越指桂州。又「早發始興江口至虛氏村作」，更有「候曉踰閩嶠，乘春望越台，宿雲鵬際落，殘月蚌中開。薜荔搖青氣，桄榔翳碧苔」句，所寫「越台」景物，如蚌珠桄榔，都是南海風情，宋之問詩有度大庾嶺，游韶州，可見此越王台當是指廣東趙佗所築的台。本詩中「南名」今本作「南溟」，尤可確證其地。

「江上越王台」，《英華》本同，《詩紀》、《全唐詩》「越」作「粵」，此江當指始興江，或因台在廣東，後人改越為粵。

「南名天外合」，《英華》本、《詩紀》本及《全唐詩》「名」均作「溟」，地在廣東，參下「早發始興江」詩有「殘月蚌中開」句，風物相合，以作「南溟」為宜。

「地濕煙常起」，《英華》本、《詩紀》本同，《全唐詩》「常」作「嘗」，常嘗多通用。

「山青霧半來」，《英華》本、《詩紀》、《全唐詩》「青」作「晴」，皆可通。

「冬花掃蘆橘」，《英華》本、《詩紀》、《全唐詩》「蘆」作「盧」，考《藝文類聚》卷八十六引吳錄：「朱光為建安太守，有橘，冬月樹上覆裹之，至明年春夏，色變青黑，味尤酸，正裂人牙，絕美，盧橘夏熟，蓋近是乎。」盧橘事正本此，字當作「盧」，《全唐詩》「掃」作「采」，據吳錄冬花時覆裹之，春夏始採食，則此不當作「采」。

「夏菓擿楊梅」，《英華》、《詩紀》、《全唐詩》「菓」並作「果」、「擿」作「摘」，正俗字，不贅證。

敦煌本登越王台詩共八句，《英華》本、《詩紀》及《全唐詩》皆為十二句，在「夏果摘楊梅」下尚多「跡類虞翻枉，人非賈誼才，歸心不可見，白髮重相催」四句，《英華》本在「可見」字下注「集作可

度」，是本集作「歸心不可度」，此四句敦煌本漏脫。

下面是蔡希寂的詩：

揚之江夜宴

楚水夜潮平，仙舟爐燭明，美人歌一□（曲？），坐客不勝情，羅幕香風倦，紗巾舞袖輕，遨遊正得意，雲雨莫來迎。

《文苑英華》、《唐詩紀》及《全唐詩》，都只收蔡希寂詩五首，此首《揚子江夜宴》，不在其中，當屬佚詩，《詩紀》引殷璠的話説：「希寂詞句清迴，情理綿密。」本詩正可證明他的風格。所闕一字，可能是「曲」字，暫時補上，以待求證。

下面是李邕的詩：

彩　雲　篇

彩雲驚歲晚，遶繞孤山頭，散作五般色，凝為一段愁，影雖深澗底，心在天際游，風動必飛去，不應長此留。

李邕長於表頌，《文苑英華》、《唐詩紀事》均僅引詩一首，《全唐詩》存詩四首，此首《彩雲篇》，《全唐詩》題為《詠雲》。

「遶繞孤山頭」，《全唐詩》「遶繞」作「繚繞」，意同。

「影雖深澗底」，《全唐詩》「深」作「沉」，衡諸上下對句，用形容詞「深」較用動詞「沉」為佳，深澗底形容其深，天際游形容其高，均為形容詞。

「心在天際游」，《全唐詩》「心」作「形」，陶潛《歸去來辭》：「雲無心以出岫」，雲可稱心，較形為佳。

在《彩雲篇》之後，崔顥的《度巴峽》、佚名的《秋夜泊江諸（渚）》及佚題詩《我有方寸心》、《水能澄不渾》等四首之後，又有李邕詩，沒有詩題：

忽聞天子訪沈淪，萬里迢迢遠赴秦，早□（知）不用無媒客，悔渡江南楊柳春。

這首詩伯三六一九號卷子殘破，但本詩又見伯三八八五號，二卷對勘，尚缺一字。伯三八八五號詩前署「李邕」名，王重民補《全唐詩》云：「此詩又見《全唐詩》第十一函第八冊，載入無名氏二。」考《全唐詩》卷七百八十六無名氏二，本詩亦無題，僅稱「絕句」，詩為：「傳聞天子訪沈淪，萬里懷書西入秦，早知不用無媒客，恨別江南楊柳春。」據敦煌卷可知作者為李邕，據《全唐詩》亦可知缺文可能為「知」字。查《全唐詩》底本，知此詩是據《唐詩紀事》卷八十錄下，《唐詩紀事》並引顏陶類詩云：「不知名氏」。千載下得知作者為李邕，真是藝林快事。

「忽聞天子訪沈淪」，《唐詩紀事》、《全唐詩》「忽聞」作「傳聞」，或因所聞不實，故改「忽聞」為「傳聞」。

「萬里迢迢遠赴秦」，《唐詩紀事》、《全唐詩》「迢迢」作「懷書」，「懷書」點出為才學之士，似較原作為細密。

「悔渡江南楊柳春」，《唐詩紀事》、《全唐詩》「悔渡」作「恨別」，恨別只寫青春虛擲，悔渡則兼述徒勞無功。

在伯三八八五號李邕本詩後，又錄七言絕句一首，王重民氏以為亦是李邕所作，該詩亦殘闕，但又見伯二五五五號，亦不具詩人名氏，兩卷對勘，詩為：「明時奉遣出皇州，行至漢陽南渡頭，春風不解

傳鄉信，江月偏能照客愁。」但聯寫的詩是否亦為李邕作，尚須待考，附志於此。

　　李邕「忽聞」詩下，也接寫一首殘詩，僅存「謫竄邊」、「無夜不猿啼」八字。

　　至於佚名的《秋夜泊江諸（渚）》詩，殘缺較多：

　　夜聞木葉落，疑是洞庭狹，中霄起□□，□□□□□，□□□□□，山月隱城樓，尋（潯）陽幾萬里，朝夕泛孤□（舟）。

　　下面另二首佚名佚題詩：

　　我有方寸心，安在六尺軀，懷山復懷海，□□□□□

　　另一首是：

　　水能澄不渾，劍用持復酬（仇），珠已含報恩，□□□□□，□□□□□，□□□□□，□□貧與富，但願一相知。

　　在長沙湘江邊銅官鎮官窯廢址下，近年出土的殘破瓷器，這些瓷器多為唐代遺物，其中有一個酒壺上寫著「我有方寸心，無人堪共說，遭風吹散雲，言向天邊月」四句，首句「我有方寸心」與前首佚詩同，是唐人喜用此為首句。

　　李邕「忽聞」等詩二首之後是祖詠的詩，下文有缺破：

謁河上公廟

河上公遺跡，荒涼在道邊，草生空廟裡，□□□□□，□□□知聖，騰空更表仙，孝文皇帝后，章句至今傳。

《全唐詩》錄祖詠詩三十七首，本詩不在其中，也不見他卷引用，是祖詠的佚詩，《唐詩紀事》引殷璠的話說：「詠詩剪刻省淨，用思尤苦，氣雖不高，調頗凌俗。」本詩的出現，也有助於瞭解其風格。

祖詠詩之後，錄王維詩，下方殘破：

敕借歧王九城宮避暑

帝子遠辭丹鳳闕，天書遙借翠微官，隔窗□□□□□（雲霧生衣上），卷縵山泉入鏡中，岩下水聲誼語笑，曙□□□□□（間樹色隱房攏），□□（仙家）未必能勝此，何事吹簫訪（向）碧空。

《文苑英華》卷一七九引此詩，詩題為《敕借岐王九成宮避暑之作應教》，《四部備要》收趙殿成校注本《王右丞集》卷十及《全唐詩》卷一二八詩題少「之作」二字，《全唐詩》此詩與趙本全同。敦煌本「歧」當作「岐」、「城」當作「成」。

「卷縵山泉入鏡中」，《英華》本、趙本「縵」作「幔」，縵為無文之帛，幔為帳幕，據詩意當作「幔」。

「岩下水聲誼語笑」，《英華》本、趙本「岩」作「林」，今本「岩」在下句，此則作「林」。「誼」《英華》本、趙本作「喧」，同義。「誼語笑」《英華》本作「喧笑語」，趙本與敦煌本同。

「曙□」《英華》本、趙本「曙」作「岩」，第二字所剩殘畫亦不似「間」。

「何事吹簫訪碧空」，訪字旁寫有「向」字，《英華》本、趙本「簫」作「笙」，趙殿成注：「笙，二顧本、凌本、唐詩品彙俱作『簫』」，是諸本與敦煌本同，趙注廣羅諸本校勘，今得敦煌本而愈見唐人真貌。

王維詩之後，錄孟浩然《歲暮歸南山》詩一首，校文已見《敦煌所見孟浩然詩十二首的價值》一文，不復贅錄。孟詩之後，錄高適詩：

九月九日登高

簷前白日應可惜，籬下黃花為誰有，客子迎霜未授衣，主人得錢始沽酒，蘇泰憔悴時多厭，蔡澤栖遑世看醜，縱□（使）登高只斷腸，不如獨坐空搔首。

詩題《才調集》卷八及《唐百家詩選》卷二、《四部叢刊》、明活字本俱作《九月九日酬顏少府》，《河岳英靈》省去「九月」二字。見敦煌卷子知為《九月九日登高》。

「客子迎霜未授衣」，《才調集》、《百家詩》、明活字本「客」作「行」，但《河岳英靈》及《唐文粹》作「客」，與敦煌本同。

「蘇秦憔悴時多厭」，明活字本「時」作「人」，人字已見上句，作「時」為是。《唐百家詩》、《才調集》、《河岳英靈集》並作「時」，同敦煌本。

「蔡澤棲遑世看醜」，「棲遑」，《才調集》作「棲惶」、明活字本及《河岳英靈》作「棲遲」、《唐百家詩選》作「悽惶」，意並相近。

「縱使登高只斷腸」，敦煌本脫「使」字。《才調集》、《唐百家詩》「只」作「祇」，《河岳英靈》作「只」與敦煌本同。

另有一首高適詩，錄於第十三首之後，未錄詩題：

鐵騎橫行鐵嶺頭，西看邏娑取封侯，清（青）海只金（今）將飲馬，黃河不用更防秋。

查本詩今本作《九曲詞三首》之三，《樂府詩集》卷九十一為《九曲詞三首》的第一首。郭茂倩說：「新唐書曰：天寶中哥舒翰攻破吐蕃洪濟、大莫門等城，收黃河九曲，以其地置洮陽郡，適由是作九曲詞。」《萬首唐人絕句》及《唐詩品彙》中《九曲詞》僅二首，不載此首。考邏娑與拉薩音似，唐時為吐蕃都城，詩中云「西看邏娑取封侯」，當即哥舒翰事，此首為《九曲詞》無疑，詩中除「清」為「青」、「金」為「今」別字外，無異文。

這首《九曲詞》後，聯抄另一首七言絕句，連續在「防秋」下，不分行，似為另一首《九曲詞》：

一隊風來一隊砂，有人行處沒人家，陰山入夏仍殘雪，溪樹經春不見花。

《資治通鑑》記哥舒大夫拔洪濟、大漠門等城，悉收九曲部落，時在天寶十二載夏五月，與詩中「入夏」、「經春」相合，而風沙隊隊，荒漠無人，時令與地理均合，此詩當為九曲詞，是高適的佚詩，王重民補《全唐詩》，列高適詩八首，未及此詩。

在本詩之後，第三首又錄高適的詩：

餞　故　人

衫君辭丹溪，負仗（杖）歸海隅，離庭自蕭索，別況何郁紆，天高白雲斷，野曠青山孤，欲知腸斷處，明月照江湖。

　　王重民補《全唐詩》，不曾發現伯三六一九號這首《餞故人》也是佚詩，因此未曾列入，劉開揚作《高適詩集編年箋注》，對敦煌的高適詩接觸不多，本卷上的兩首佚詩，都不曾提及。伯三八八五號殘卷的第一首亦引本詩，本詩錯字即據該卷校正。

　　高適詩後，錄李斌的詩：

大桐軍行

　　驅馬出關城，孤舟邊思盈，風傳萬里去，月帶兩鄉情。北望單于道，東臨大武營，塞閒秋解合，山淨夜泉明。

　　李斌非但詩作失傳，名字也湮滅，但在敦煌卷子中卻被屢次抄錄，《全唐詩》及王重民補《全唐詩》，均未提及李斌，本卷中李斌詩共為四首，在《大桐軍行》後六首，又錄二首：

　　我有一長劍，磨來十數年，但藏玉匣裡，未向代（世）人傳，鍔霧星將轉，環開月共懸，霜鋒映牛斗，雪刃倚長天，每欲清萬國，常懷定四邊，希君持取用，方說識龍泉。

　　本詩顯然受梁吳筠《詠寶劍詩》「我有一寶劍……鍔邊霜凜凜」的影響，全詩清順，應無錯字，「代」字當為避「世」字諱而改。下面一首沒有詩題，句法內容有些相似，是否亦為李斌的《劍歌》，有待斟酌：

　　我有夜光寶，自然明月□，堪裝漢祖劍，曾上魏王台，五色人難辨，千金匣始開，不逢天子照，卻復度關來。

　　所缺的一個字極重要，殘畫近「苔」、「台」，夜明苔似與全詩未合，究為詠劍、詠鏡、詠珠或詠其他，亦難武斷。因此，是否為李斌《劍歌》二首也難推定。

　　再往後數第七首，又錄李斌的詩：

夜渡穎（潁）水

　　蕩子乘春夜，行歌渡穎（潁）水，雲浮初弊（蔽）月，風動乍搖船，暗水空流響，驚人信莫前，唯聞靡靡曲，砂上嘆□（師）涓。

　　本卷「沙」多作「砂」，考濮水上師涓夜聽新聲而錄寫，《韓非子・十過》云：「師曠止之曰：此師延之所作，與紂為靡靡之樂，亡國之音。」缺文殘字，似當作「師」字，「涓」似誤寫作「捐」。以上四首，似均為李斌佚詩。

　　李斌詩後，為宋之問詩，已並述於前，其次為沙門日進詩：

登靈岩寺

　　靈岳多奇勢，茲山負聖圖，谷中清溜響，峰際白雲孤，石壁□（連）霄漢，長松落澗枯，澄心香閣下，煩慮寂然無。

　　《全唐詩》自卷八〇六至卷八五一都收僧詩，本詩作者未被列入，詩篇亦屬佚詩。第五句第三字殘缺，王重民認為是「連」字，今採用王說。

　　再其次是渾維明的詩：

謁　聖　容

法雨震天雷，祁山一半頹，鱗鱗碧玉色，寂寂現如來，繧（螺）
髻隨煙合，圓光滿月開，從茲一頂謁，永劫去塵埃。

《全唐詩》不見渾維明詩，詩與作者均已湮滅。王重民補《全唐
詩》未錄此詩，王書漏略甚多，應予重修。「繧」當作「螺」，梵天王
頂髻作螺形，西土梵志效之多為「螺髻」。此指如來法相。

其下有《早行東京》、《採蓮篇》、《吐蕃黨舍人臨刑》三首，未署
作者，聯於渾維明謁聖容詩後，未必是渾維明所作：

早行東京

早行星尚在，數里天未明，不辨雲林色，唯聞風水聲，月臨山欲
曉，河入斗間橫，漸向重岩望，依稀見洛域。

采　蓮　篇

游女泛江晴，蓮紅水復清，覺多愁日暮，爭采畏船傾，波動疑釵
落，風飄舞袖輕，相看不盡意，歸浦棹歌聲。

吐蕃黨舍人臨刑

生死誰能免，嗟君最可憐，幼男猶在抱，老母未終年，為復冥徒
任，為當命合然，設將泉下事，時向夢中傳。

以上三詩，也許只能作無名氏的佚詩看，連在渾維明詩後，渾姓
多見於西北吐蕃邊境，唐時如渾釋之、釋之子渾瑊，字日進，與沙門
日進正同，系聯前後，頗為巧合。瑊子渾鎬、渾鐬並為大將軍，本殘

卷末有詩《野外遙占渾將軍》，或與此世代為大將的渾氏家族有關。吐蕃黨舍人臨刑詩第五句或有錯字，「冥」字是據本卷劉希夷《北邙篇》「高樓倏冥滅」的冥字書法認定，「任」字也可能是「枉」字，這三首詩，王重民書中均未收入。

下面是李斌《劍歌》及另一首《我有夜光寶》，已歸在李斌詩下討論。

其後是《日南王》詩一首，日南即安南，唐時疆土，南至日南，安南都護府，統今越南東北及沿海狹長地帶。日南王三字頂格而寫，可能是詩題，則作者失傳，抑或為李斌所作的佚詩。《日南王》若是作者，則未載王之姓名，詩是：

附臣通趙國，奉使拜遼燕，蒼海行無驛，寧知路幾千，猛風空裡振，明月浪中懸，水與天同色，山共白雲連，隨潮去□（日）遠，未克有歸年，比來聞漢使，一別似張騫（騫）。

《全唐詩》載韓王、吳越王詩，不載日南王詩，齊王融有和南海王詠秋胡詩，僅稱某王，亦不稱姓名，此或屬佚詩。詩中寫自安南海路至遼燕，一別經年，第九句缺字暫擬「日」字，殘畫無法判定。末字當為「騫」字。王重民補《全唐詩》雖也涉及伯三六一九號，但大部分佚詩均未收入。

下面是蘇乩的詩：

游　苑

庭院開金鎖，周回賞碧堂，池深流水漫，岸闊引橋長，遇石攀騰（藤）息，逢林摘果嘗，更呼園子問，何處可尋涼。

　　蘇乩的詩，敦煌殘卷中屢見，但《全唐詩》未輯錄，詩作散佚，詩名也淪沒。本殘卷起頭第一首也是蘇乩的詩，乩、具遮切，音同伽，蘇乩生平無考，本殘卷卷首所錄蘇乩詩為：

青（清）明日登張女郎神（廟）

　　汧水北，隴山東，漢家神女廟其中。寒食盡，清明旦，遠近香車來不斷，飛泉直注淙道間，大岫橫遮隱天半，花正新，草復綠，黃鶯現見千喬木。汧流括，古樹攢，隴返（阪）高高布雲族。水清虛，竹曚密，無匣仙潭難延碧。談樓閣，人畫成，翠嶺山花天繡出。塵冥冥，馬盤桓，爭奔陌上聲散散，公子王孫一隊隊，管絃歌舞幾般般，酌醴醑，捕（鋪）錦筵，羅帳翠幕奄靈泉，是日淹留不覺寐，歸來明月滿秦川。

　　這首詩又見伯三八八五號引，詩題作《青明日登張女郎》，據詩中「清明旦」，則「青明」當作「清明」，據詩中「漢家神女廟其中」，則題下當有「神廟」二字。本詩短句特多，不知有無脫字。王重民補《全唐詩》未收此二首。

　　其後為哥舒翰六言詩一首：

破　陣　樂

　　西戎最沐恩深，犬羊違背生心，神將驅兵出塞，橫行海畔生擒，石堡岩高萬丈，雕窠霞外千尋，一喝盡屬唐國，將知應合天心。

　　哥舒翰拔吐蕃石堡城，事在天寶八年（西元 749 年），生獲吐蕃四百人，唐士卒死者數萬人，乃以石堡城為神武軍。《破陣樂》當作於此

時。《樂府詩集》卷二十載唐《凱樂歌辭》中，有《破陣樂》一首，五言四句，此首未列入，當為佚詩。又考唐張說有六言八句《破陣樂》二首，句式與此首相同。《全唐詩》於張說詩題下引《樂苑》曰：「商調曲也，唐太宗所造，明皇亦作小破陣樂，亦舞曲也。」又《樂府詩集》云：「《唐書·樂志》曰：唐制：凡命將出征，有大功，獻俘馘，其凱樂用鐃吹二部，樂器有笛、觱篥、簫、笳、鐃、鼓、歌七種，迭奏破陣樂等四曲，一為破陣樂。」哥舒翰拔石堡，是唐代軍事上的大事，這首六言八句的凱樂歌辭，重見於敦煌抄本中，可以想見當時盛事。而《全唐詩》亦不列哥舒翰名字，倖存於此。王重民書亦未收此首。

下面是崔希逸的詩二首：

燕支行營

天平四塞盡黃砂，塞冷三春少物華，忽見天山飛下雪，疑是前庭有落花。

陽烏黯黯映山平，陰兔微微光漸生，戍樓往往雲間沒，鋒火時時磧裡明。

《全唐詩》未列崔希逸姓名，更沒輯存崔希逸的詩。這二首詩連接抄下，應該是二首絕句，但用句句對仗的形式，第二首更是每句用疊字。這二首詩王重民補《全唐詩》亦未輯入。

下面是高適《九曲詞》二首，已並前討論，高適詩後，有蕭沼七言詩一首，未標詩題：

生年一半在燕支，容鬢砂場日夜衰，蕭關不隔鄉園夢，瀚海長愁征戰期。

　　詩中「蕭關」作「簫關」，蕭多寫作簫，因此作者「簫沼」也應是「蕭沼」，《全唐詩》未列蕭沼姓名，更未輯存蕭沼的詩。王重民補《全唐詩》，亦未輯錄這一首。

　　其下七言絕句一首，未標詩題與作者，今考本詩為王烈所作，載在《全唐詩》卷二百九十五，詩題今作《塞上曲》：

　　容顏日日老金微，砂磧年年臥鐵衣，白草城中春不入，黃花戍上雁長飛。

　　考《文苑英華》卷一百九十七載王烈《塞上曲》二首，季振宜《全唐詩集稿》以手寫稿補入，《全唐詩》本之，文字與《英華》本全同。與敦煌本僅首句有數字不同。

　　「容顏日日老金微」，《英華》本作「紅顏歲歲老金微」，下文臥鐵衣者為男性，唐人男性雖有用「朱顏」者，如白居易詩「朱顏辭鏡去」，但「容顏」較「紅顏」為當，「日日」比「歲歲」尤見歲月迫切的心情，且下文云「年年」，此云「歲歲」意全雷同。

　　下面是李斌《夜渡潁水》詩及高適《餞故人》詩，已並前討論，其後為桓顯的詩：

秋　夜

　　數夜獨無歡，客心恆不安，近城聞鼓異（易），寺遠聽鐘難，日照窗邊暖，風吹簾外寒，誰能羅帳裡，獨坐抱琴彈。

　　桓顯姓名及詩作，均不見於《全唐詩》，應屬佚詩。王重民補《全唐詩》收錄本詩，但王氏謂本詩在伯三六一九號外，又見伯三八八五

號。其實伯三八八五號，未抄本詩。王書謂第三句「異」字當作「易」，又依劉盼遂校文以為「寺遠」當作「遠寺」，並可從。

桓顥詩後，有《別後隔炎涼》一首，知為孟浩然閨情詩，已並述於前，孟詩之後，為史昂詩：

述　懷

昔在滎河外，征馬倦風塵，今來洛陽道，人事復艱辛，有策懷明主，無媒托近臣，君門不可見，歸去涼山春。

本詩又見伯三八八五號，缺字可據以補正。史昂姓名及詩作亦不見於《全唐詩》，王重民補《全唐詩》，未將本詩輯入。

史昂詩後，抄錄未署詩人姓名詩：

嘆蘇武北海

自恨嗟窮塞，長劉海曲間，牧羊愁日暮，食雪厭天山，萬裡懷慈母，三邊憶聖顏，怨啼猶未息，孤坐更思還，漢月年年照，胡風歲歲聞，客心雲外斷，鄉樹夢中攀，黃髮人多乍（詐），懸雲鬼亦奸，到來觀此俗，絕不及南蠻。

本詩雖聯史昂詩後，應該不是他的詩，伯三八八五號詩卷也錄此詩，題目為《蘇武北海述懷》，該詩又聯在李邕等詩後，因此也是一首作者姓名失傳的佚詩。王重民書亦未輯存本詩。

本殘卷最後的一首詩，也沒有作者姓名：

野外遙占渾將軍

　　山頭一隊欲陵雲，白馬紅纓出眾群，諸人氣色不如此，只應者個是將軍。

　　本詩另見伯三八八五號卷子，詩題省作《野外遙占將軍》，唐時吐蕃邊境，世代大將正姓渾，已見前述，此渾將軍白馬紅纓，氣宇絕倫，「凌雲」的「凌」，本卷常寫作「陵」。此詩王重民亦未收錄，當可補入《全唐詩》。以上無論是佚詩的收存，或異文的校勘，學術上都有珍貴的價值。

敦煌斯五五五號背面三十七首唐詩的價值

　　前人研究唐詩，大抵皆以搜輯唐代佚詩為主，佚詩的搜輯，豐富我中華文化的資產，固有其價值。但本文則重在異文的校勘，所以對今存唐詩的比對，為全文的重點。

　　斯坦因氏所編五五五號，為一詩卷，正面有《李嶠百詠》詩七首，已另撰文研究，其背面有絕句三十七首，王重民、潘重規諸先生已校輯佚詩於前，但在校勘方面，本卷仍有其價值，如韋承慶的《南中望歸雁》詩，今已一作於季子詩，一作楊師道詩；又劉允濟的《詠道邊死人》，或訛作劉元濟詩；又李福業《守歲》詩，或訛作李德裕詩。皆因敦煌卷本的出現而作者始告確定。又蔡孚的《九日至江州問王使君》詩，今已編入王勃集中，古人友朋酬唱詩常誤入本集，得敦煌本而改正了千年來的錯誤。至於文字異同的校定，也有一些收穫。當然，就這張卷子而言，可能輯佚的功能大於校讎的功能，像樊鑄這樣善於詠物的詩人，《全唐詩》裡不曾提及，因本卷的出現而豐富了唐詩的庫藏。

　　斯五五五號背面，即以「侍宴詠烏」大字為首行標題，下署「李義府」，第二行剩殘詩二句為：

　　夜啼，上林□許樹，不借一枝棲。

　　考此殘句即為李義府詩，現載《全唐詩》卷三十五，詩題為《詠烏》，全詩為「日裡揚朝彩，琴中伴夜啼，上林如許樹，不借一枝棲」，「如許」之下有「一作多少」小注，並引《唐詩紀事》：「義府初遇，以李大亮、劉洎之薦。太宗召令詠烏雲云，帝曰：與卿全樹，何止一枝！」今《全唐詩》所錄詩文即據《唐詩紀事》卷四，《萬首唐人絕句》亦同。今見敦煌此卷，詩題多「侍宴」二字，則足見《唐詩紀事》所云「太宗召令詠烏」為可信，反之，據《紀事》所云，則詩題亦自當作「侍宴詠烏」。考《全唐詩》底本（即《全唐詩集稿》）所據為《唐詩紀》卷八，異文作「上林多少樹」，底稿未注出處，系《全唐詩》編者據別本校者，敦煌本有字添寫於「許」字之上側，字形難辨，或同《唐詩紀事》及《全唐詩》作「上林如許樹」。

　　下為王勃《幽居》詩：

　　澗戶風前竹，山空月下琴，唯余兩□□，應盡百年心。

　　此詩王勃集中不載，「幽居」二字不明，據王重民本補。

　　其下為王勃《□中□臥像》詩：

　　淨宇流金梵，真儀翳寶床，自應歸寂滅，非是倦津梁。

　　此詩亦不載王勃集中，詩題缺字依稀，潘重規先生以為似作「龕中觀臥像」，今擬作「龕中觀臥像」，蓋佛龕中塑如來涅槃像。「梵」字不明，「歸」字不明，系草書歸字，均據潘先生文補。王勃集中有《游梵宇三覺寺》詩，中有「松門聽梵音」，是王詩於佛寺喜用梵字。「真儀」王重民作「真誠」，潘先生定作「儀」。

　　其下為東方虯的《昭君怨》四首，虯誤寫作亂，今《樂府詩集》及《全唐詩》尚存東方虯《昭君怨》三首，此四首詩字跡不明：

　　　漢道初全盛，朝廷足武臣，何須薄命妾，辛苦遠和親。

　　《萬首唐人絕句》及《全唐詩》卷一百，首句作「漢道方全盛」，復據《唐詩紀》卷十七，方下有「一作今，一作初」小注，作今見季滄葦據《樂府詩集》所校，作「初」見宋本《樂府詩集》卷二十九，作「初」同敦煌本。

　　第二句第二字殘文「廷」字剩畫似「手」，第四字「武」字剩畫似「我」。《樂府詩集》、《萬首唐人絕句》亦作「朝廷足武臣」，第三句「何須」季校據《樂府詩集》作「何煩」。敦煌本三點尚存，本作須。

　　末句「辛苦遠和親」，《萬首唐人絕句》及《全唐詩》作「辛苦事和親」，《樂府詩集》正作「辛苦遠和親」，同敦煌本。

　　　□洟辭丹鳳，□□□□龍，單于浪驚喜，無復□□容。

　　《萬首唐人絕句》、《唐詩紀》、《全唐詩》作「掩淚辭丹鳳，銜悲向日龍，單于浪驚喜，無復舊時容」，是據《唐詩紀》卷十七，於「淚」下注「一作洟」，作洟為《樂府詩集》，與敦煌本同。《樂府詩集》卷二

十九載東方虯《王昭君》詩三首。

　　□里胡風急，三秋□漢初，唯望南去雁，不肯為傳書。

　　此詩《樂府詩集》、《萬首唐人絕句》及《全唐詩》均不載，已佚失。里字之上潘先生擬補「萬」字，漢字之上原卷漏去一字，潘先生擬補「辭」字。「雁」與「不」二字抄寫互倒，旁作鉤號，以示誤倒。詩下有「同前」二字。

　　胡□□花草，春來不似春，自然衣帶緩，非是為□□。

　　《樂府詩集》、《萬首唐人絕句》、《唐詩紀》及《全唐詩》首句作「胡地無花草」，《全唐詩》花下注「一作青」，今見敦煌本，則作花為近原作。第三四句，《樂府詩集》、《萬首唐人絕句》、《唐詩紀》及《全唐詩》均作「自然衣帶緩，非是為腰身」，為下注「一作覽」，系季滄葦據《樂府詩集》校，今見敦煌本，則作「為」近乎原作。
　　其下為韋承慶的《南中望歸雁》詩：

　　萬里人南去，三□雁北飛，□□□歲月，得共爾同歸。

　　《全唐詩》卷四十六韋承慶詩中有《南中詠雁詩》，作「萬里人南去，三春雁北飛，不知何歲月，得與爾同歸」，《全唐詩》在詩題下據《唐詩紀事》卷九作注：「一作於季子詩，題作南行別第」，《全唐詩》楊師道詩中亦收本詩。考《文苑英華》第三百二十八卷有韋承慶《南中詠雁》詩，即《全唐詩》所本，唯「爾」字下有「類詩作汝」四字，

敦煌本「爾」字簡寫為「尒」。《萬首唐人絕句》題為「南行別第二首」，文字與《唐詩紀事》同。

《全唐詩》「三春」下錄異文，一作「三秋」，「三秋」系據《唐詩紀事》卷九，春字為季滄葦所校，近來在長沙湘江邊銅官鎮於唐代官窯廢址中，挖出殘破瓷器酒壺，上有「萬里人南去，三秋雁北飛，不知何歲月，得共汝同歸」，此瓷器約為唐元和年間作，當時「春」已誤為「秋」，「爾」已異作「汝」。爾、汝同義，春則不能誤為秋，三秋時雁南飛，三春時則雁北飛，但敦煌本此字偏奪漏，因知異文常起於抄寫奪漏，後人以意增補，每成不同。見此敦煌殘卷，知作者應定為韋承慶，韋承慶另有「南行別弟」詩，亦為五言絕句，但非本詩，則本詩題應為「南中望歸雁」。韋又有《折楊柳》詩：「萬里邊城地，三春楊柳節」，則「三春」字為韋所常用。

其下為劉允濟的《詠道邊死人》：

> 淒涼人死日，冥漠詎知年，魂兮不可問，應為直如弦。

此詩見《全唐詩》卷六十三，詩題同，題下小注云：「一本別作劉元濟詩，統簽併入允濟詩內」，所云一本者，為《初學記》及《萬首唐人絕句》，今見敦煌本證實為劉允濟詩，《唐詩紀事》卷十謂允濟少與王勃齊名，考此卷多為初唐人物，則作劉允濟年次相近。《全唐詩》首二兩句為「淒涼徒見日，冥寞詎知年」，是據《萬首唐人絕句》。寞、漠意通，唯敦煌本「人死日」與「詎知年」，屬對工準。此詩季滄葦《全唐詩集稿》不載，《全唐詩》編者據《萬首唐人絕句》補入。

其下為侯休祥的《口鏡》：

忽覽今朝鏡，殊非昔日容，自看由□識，何況故人逢。

此詩《全唐詩》不載，作者亦失傳。第二句「昔」字王重民誤為「李」，原卷昔字甚明，「自看由□識」，抄寫奪漏一字疑為「不」字。「由」為「猶」之假借。

其下為梁去惑《塞外》詩：

塞北長寒地，由來□物華，不知羌笛裡，何處得梅花。

此詩《全唐詩》不載，作者亦失傳。「由來」下闕文潘先生疑為「少」字。

其下為李福業的《守歲》詩：

冬共更籌盡，春隨斗□回，暄寒一夜隔，容□□年催。

此詩作者姓名模糊，末字似為「業」字，今考為李福業詩，《文苑英華》卷一五八錄此詩，題為《嶺外守歲》，首句「共」字下《英華》注「雜詠作去」，《萬首唐人絕句》亦作去，今見敦煌本和作「共」為確。此詩《全唐詩》卷四十五亦據《英華》本著錄，題下又有「一作李德裕詩」六字，今據敦煌本知是李福業，調露二年進士，亦為初唐詩人。全詩為「冬共更籌盡，春隨斗柄廻，寒暄一夜隔，客鬢兩年催」，第二句「柄」字殘剩「丙」字右側，卷中闕文似可據補。「暄寒」《全唐詩》及《萬首唐人絕句》並作「寒暄」，寒暄已成後人慣語，故改。《萬首唐人絕句》「客」作「容」，與敦煌本同。「暄寒」與「容鬢」相對成文，二年催指去年冬與今年春。

其下為房旭的《春夜山亭》：

夜靜琴還靜，年春酒復春，何曾山水地，風月不□□。

此詩不載於《全唐詩》，作者姓名亦失載。

其下為樂仲卿《詠雲》詩：

□□光華小，搏風羽翼微，不能欺暗室，所以帶明飛。

此詩不載於《全唐詩》，作者姓名亦失載，首句下三字王重民作「光□淺」，潘重規先生作「光華淺」，華字尚可辨，唯「淺」字或為「小」，二句「搏風」二字，王重民作「搗□」，潘先生作「搗風」，此二字模糊，抑或似「憐君」。

其下為蘇晉詩，題目《同前》，即為《詠螢》：

的的黃金色，□□白玉輝，既能明自□，□用暗中飛。

《全唐詩》卷一百十一有蘇晉詩二首，此首早佚，第二句缺字剩「灬＝」似為「點點」，點點平仄不協，或為「熹熹」，第三句缺字疑為「照」，第四句缺字疑為「何」。與盧照鄰《玩初月》詩「既能明似鏡，何用曲如鉤」句法相同。「的的」二字，唐人常用，宋之問《冬宵引贈司馬承禎》詩有「明月的的寒潭中」句。晚唐司空圖《偶書五首》之四亦有「的的他生作化生」句。

其下為宋之問《詠壁上畫鶴》詩：

畫作雙山鶴，昂藏仙氣多，似飛還不去，應是戀恩波。

考此詩見《全唐詩》卷五十三，宋之問作，詩題今為「詠省壁畫鶴」。敦煌本「鶴」字寫作「霍」旁加「鳥」，「霍」旁加「鳥」乃唐人「鶴」之別寫。第一句鶴字漏寫添注在旁，也作「霍」旁「鳥」字，「畫作雙山鶴」，《萬首唐人絕句》及《全唐詩》作「粉壁圖仙鶴」，第二句的「仙」氣被改入首句，第二句的「仙氣多」始改作「真氣多」，「真人」亦是「仙人」意。後人或因全詩敘題不夠細密，詩題中「壁」字在詩中未見，故改成如此字樣。第三句「似」《萬首唐人絕句》及《全唐詩》作「騫」，「還」作「竟」，似飛還不去，因而猜測其心理動機為「寵於恩波」，作「似」、「還」上下句關係較佳。且宋詩喜用「似」字，如「恰似生前歌舞時」（《傷曹娘》）、「已似長沙傅」（《新年作》）、「秋似洛陽春」（《始安秋日》）、「愚謂嬉遊長似音」（《桂州三月三日》）、「遙憐鞏樹花應滿」（《寒食江州滿塘驛》），宋詩不見騫字，作「似飛」較合宋詩口吻。

末句《萬首唐人絕句》及《全唐詩》作「當是戀恩波」，「應是」與「當是」意近，但宋詩喜用「應」字，如「炎徼行應盡」（《早發韶州》），「晚入應真理」（《題鑑上人房》），「應見隴頭梅」（《題大庾嶺北驛》），「應為剪刀催」（《奉和立春日侍宴內出剪綵花應制》），「故園今日應愁思」（《桂州三月三日》）。用「當」字僅一見：「當造林端窮」（《宿雲門寺》）。

其下是嚴巍的《別宋侍御》：

水國南連楚，沙場北近胡，春風可□別，明月兩鄉孤。

　　本詩不見於《全唐詩》，作者亦失傳。第三句僅四字，可字尚能辨，抑或為「何」字殘剩，別字旁有添一字，已模糊，第四句「月」字殘破，王重民作「日」。

　　其下為鄭願《七夕臥病》詩：

　　玉露三秋早，銀河七夕初，不應須臥疾，為曝腹中書。

　　本詩不見於《全唐詩》，作者亦佚傳。本詩乍看似用《世說新語》排調第二十五郝隆事：「郝隆七月七日，出日中仰臥，人問其故，答曰：我曬書。」末句蒙求上引：「我曬腹中書耳。」云「曬書」而非「曝書」，且與「臥疾」無涉，臥疾事應為《晉書》記魏武辟高祖事：「高祖辭以風痺，七月七日高祖方曝書，令史竊知，以告，重辟之，懼而應命。」二事同在七月七日，臥疾曝腹中書，乃巧合二典為一事。

　　其下是李休烈的《過王濬墓》詩，又「同前」一首，共二首：

　　青史高遺跡，黃壚掩舊封，寧知陌上虎，何羨水中龍。
　　樵採徒為禁，英威豈得從，完知□路蟻，不畏水中龍。

　　二詩《全唐詩》不載，作者「烈」字尚可見，《全唐詩》僅存李休烈詩一首，喜用時諺成句。李賀有《王濬墓下作》詩：「人間無阿童，猶喝水中龍」，亦用水中龍典，阿童為濬小字，考《晉書》卷三十四羊祜傳：「時吳有童謠曰：阿童復阿童，銜刀浮渡江，不畏岸上虎（一本作獸），但畏水中龍。」據此知第一首第三句當為「陌上虎」，今所見「虎」字殘剩「子」字，子為俗寫上半部虎字之殘文，卷文下有「處」字上半，中部即如子字，可為證。第二首第三句缺文，隱約可見似為

「畏」字。謂今畏路蟻而不畏水中龍。

其下為孟嬰《詠暗》詩：

鑿壁方□照，投珠忽見疑，始言纓可絕，誰謂室無欺。

此詩不見《全唐詩》，作者亦失傳。第一句缺字王補作「將」，潘補作「求」。殘字一豎左右各有點，尚難認定。元和年間獨孤鉉作《鑿壁偷光賦》：「欲假明於他人之室，方鑿竅於夫子之牆，乍引潛輝，怯珠投之暗，忽兮圓影，疑月出之光」，正用本詩之意。

其下為□嘉惠《詠鵲》詩：

繞樹棲難完，填河尚未期，舊來□□語，試為報歸時。

《全唐詩》作者無有名「嘉惠」者，知作者已佚，作品亦不見《全唐詩》。第三句闕二字，王重民第三字作「能」，「能」之左旁隱約尚存。

其下一首，詩題作者補寫在旁，詩題為《九日至江州問王使者》，作者為蔡孚：

九日潯陽縣，門門有菊花，不□今送酒，若個是陶家。

此詩《全唐詩》載在王勃集中，題為「九日」，《全唐詩》與《萬首唐人絕句》、明本《唐五十家詩集》全同，詩是「九日重陽節，開門有菊花，不知來送酒，若個是陶家。」《全唐詩》存蔡孚詩二首，一為《奉和聖制龍池篇》，一為《打毬篇》，今存皇帝詩未見《龍池篇》，不

知「聖制」是否指明皇，《全唐詩》謂開元中為起居郎。見敦煌此卷，知本詩為蔡孚作，王勃生卒年月為西元六四九至六七六，蔡孚卒年在開元元年（西元713年），已隔近四十年，除非蔡孚開元中年事甚高，否則詩題中所贈「王使君」當非王勃。但本詩何以屬入王勃集？古人贈答詩誤入被贈者集中者恆有，又考《全唐詩》姜晞亦有《龍池篇》，與蔡孚《奉和聖制龍池篇》同押先韻，句數亦同，姜晞登永隆元年進士時在唐初，蔡孚年輩若與姜晞相若，姜晞從弟姜蛟至明皇時猶封楚國公，則蔡孚幼年或能與王勃相接。敦煌殘卷「潯」字殘剩右旁小半，因在江州，故知是「潯陽」，各本作「重陽節」，九日本為重陽節，意思重複，當非原作如此。疑是作者及詩題被改易，乃不知「潯陽」與「王勃」何涉？故加改寫。考《唐才子傳》載王勃至南昌滕王閣時，大會賓客正在九月九日，蔡孚贈詩，或在此時。「門門有菊花」各本改為「開門有菊花」，門門皆有菊花，皆似陶家，故送酒者不知若個是陶家，意方貫聯，改作「開門有菊花」則與下文不聯貫。此詩機杼與東方虬《春雪》詩相似：「春雪滿空來，觸處似花開，不知園裡樹，若個是真梅。」觸處花開，樹樹似花，故園樹中不知若個是真梅，據此則知敦煌卷第三句闕文或為「知」字。

其下為李行言《成（城）南宴》詩：

禦（御）宿上林春欲盡，殘花弱柳任風吹，鬥雞走馬□□□，樂然長安遊俠兒。

《全唐詩》僅存李行言《秋晚渡廢關》詩一首，本詩已佚，唯據《唐詩紀事》卷十一，行言為中宗時人，中宗與近臣宴集，行言唱駕車西河，又嘗在七月七日兩儀殿會宴時，帝命作歌，與本詩言春末「御

「宿」侍宴相類。王重民「成」當作「城」，潘先生言「禦」蓋「御」字，與情事皆合。

其下是閻朝隱《度□嶺二首》：

嶺南流水嶺南流，嶺北遊人望嶺頭，感念鄉園不可□，肝腹（腸）一斷一回愁。同前

千重江水萬重山，毒瘴□氣道路間，回首俯眉但下淚，不知何處是鄉關。

《全唐詩》均不載此二首，王重民謂「詩題辨不出來」，細察殘文，「度」字上半及「嶺」字下半，尚清晰可辨，中間破損，題當為「度嶺」或「度某嶺」，王重民謂為坐徙嶺外後「遇赦還」時作。但考察詩意，應作於坐罪南徙時，而並非赦還時。王仲聞云：「唐芮挺章《國秀集》卷上載宋之問七古一首，題云：《端州驛見杜審言、王無競、沈佺期、閻朝隱有題慨然成詠》，朝隱這兩首詩，殆即為端州題壁，都是他們南徙時所作，也就都是宋之問所見的那些詩。」所說近是。第一首第三句缺字，原卷無法辨別，潘先生以為是「見」字，肝腹的「腹」王重民以為是「腸」，可據。第二首第二句「□氣」各家以為是「□氛」，均有可能，缺字處殘剩三點，或為「炎」、「沴」，「沴氣」見庾信《哀江南賦》，「炎氣」是《九章》及謝惠連詩。「沴氣」、「炎氛」前人亦用。

其下又為鄭愔《守歲》詩：

吾家貴主鳳樓開，故歲冬更亂箭催，願奉神仙長獻酒，請留哥吹遂行杯。

　　鄭願詩二度被引，但《全唐詩》不載願詩，姓名亦失傳。本詩稱「吾家貴主」，或在某公主山莊守歲，薛稷安樂公主山莊詩、李嶠幸太平公主南莊詩，鄭愔陪幸長寧公主莊，均稱「主家」、「主第」，沈佺期陪幸太平公主南莊詩，既稱「主第」，亦稱「鳳凰樓」，沈又有「守歲應制」詩，與此詩題材相近。第二句「歲」字僅剩上「止」，據王重民補，「冬」字僅剩下半，據潘先生補，末句「哥」當為「歌」，敦煌唐人書法屢見，遂字頗清晰，而末字今寫作「枉」，王氏空闕，諸家疑為「杯」字，可信。

　　其下為鄭韞玉《送陳先生還嵩山》詩：

　　玉台金闕□微微，仙鶴聯翩何歲歸，欲識人間相望處，嵩高山上白雲飛。

　　《全唐詩》不載此詩，作者姓氏亦失傳。

　　其下為樊鑄所上《及第後讀春院物詠十首上禮部李侍郎》，自署為「前鄉貢進士」。樊鑄詩不見《全唐詩》，王重民考《唐文粹》卷三十三有樊鑄「檄曲江水伯文」，自言作於「天寶三載」，則樊鑄當為開元天寶時人。今查嚴耕望《唐僕尚丞郎考》卷三，載天寶五年冬李岩為禮部侍郎，天寶六年春日起，在任知貢舉放榜，樊鑄稱「及第」後詠物，當在此時。詩題中「禮部李侍郎」當即李岩。「物詠」二字旁有倒乙號，應為「詠物」。此詠物十首均不見於《全唐詩》。

　　詠物十首的第一首為《簾鉤》：

　　成器屈雖深，君門幸許臨，卷時懷勁節，舒後抱虛心，就曲□全保，能剛□匪侵，倚身當盡力，不欲負工金。

　　第六句缺字，猶見「剛」字下半，疑是以「能剛剛匪侵」對上句「就曲曲全保」，曲下忘卻加重號。王重民以為第五句缺第四字，作「就曲全□保」。考《全唐文》卷三百八有孫逖《簾賦》，其中「輕明無隔，將引喻於虛心；卷舒任時，足炯戒於行己」四句，正本詩三四句所取材，孫逖於開元十年應制登文藻鴻麗科，至天寶三載任刑部侍郎，年輩稍早於樊鑄。

　　第二首是《鞭鞘》：

　　辛約策為名，提攜道正行。卜鄰貞干並，□質直繩並。節峻根堪托，柔多指可縈。希看著鞭處，下下拯聲明。

　　劉盼遂校第二句「道正行」為「道上行」。《晉書音義》鞘為馬鞭頭，似以竹根為之。質上殘字似剩小字，或為「素」字，或為持字。考張良器《素絲賦》（以「真素持質功齊」為韻），賦云：「匪剛克以居禮，實柔立而有成，其正也可以如繩之直，其順也可以繞指而縈」，良器為會昌時人，正用樊鑄詩中「□質直繩並」、「柔多指可縈」之詩意，可為「素質」或「持質」之旁證。「持質」與「卜鄰」所對較準確。第三首為《箭括》：

　　刻□□材圓，相成口不偏，守規心已正，受省禮仍全，有節通貞干，無邪抱直弦，向非兼羽翼，何得札俱穿。

　　首句缺字，第二字殘剩甚少，「木」或「矢」，抑或其他。第三字似為「許」字。第二句第三字諸家空闕，原卷「口」字可辨。

　　第四首為《門居》：

扄要政攸敦，防非道久尊，掄材矩己中，善閉契□存，只慎樞機動，寧矜開闔恩，自非蒙一拔，何得入龍門。

題目「門扄」，王重民誤作「門店」，扄，韓愈《進學解》謂「扄楔」，《集韻》謂「戶牡」，又謂「所以止動也」，故詩云：「善閉契□存」，缺字或為「須」字。第五句「機」字王氏空缺，據潘先生所辨補。

第五首為《鑰匙》：

開物務便成，通幽自有程，退藏緣遇暗，入用為逢明，契理關潛受，知機力不爭，賴因相啟發，遂得振金聲。

第一字「開」字原卷可辨，王重民誤作「聞」。「開物成務」，出《易經》，已成常用語。第五字「關」字，王氏誤作「開」，潘先生已改正。

第六首為《藥臼》：

器重性仍堅，□庸響即傳，口因良藥苦，心為中規圓，繼務精三代，輸攻孕十全，終齊善救理，莫謂枉陶甄。

第二句缺字，尚剩「立」字下半，潘先生以為「登」字近是。「登庸」見《書經・堯典》，登庸即登用。開元時有王諲作《柱礎賦》：「自彼幽藪，登庸華觀，乃命王爾操繩，公輸削墨」，樊詩或受其影響。

第七首為《濾水羅》：

經緯既縱橫，偏承啟沃情，舍虛素心淨，樂水智囊成，密慎能藏

垢，疏通自去盈，不□□善濾，何問下流清。

　　第五句「慎」字少寫二點，第七句第二字殘脫，第三字剩「缶」字下半，王重民作「垂」字。元和時白行簡有《濾水羅賦》，彰其妙用，彼時此詩應尚存。

　　第八首為《井轆轤》：

有幸奉陶甄，時行即轉圓，從繩每念轍，遇坎本週旋，只是循環正，何曾汲引偏，已承鈞軸力，不慮墜諸泉。

　　第五句隻字殘剩大半。大曆時仲子陵作《轆轤賦》「縱繩以寸工」及王契《桔槔賦》「乃習坎以為常」似受樊詩三四句影響，彼時此詩應尚存。

　　第九首為《磚道》：

入用因埏埴，時行任比方，連階（下文斷缺）

　　埴為黏土，埏為擊，造磚時搏擊黏土，任加塑型比方。所見九首詩，均「及第」後取書院雜物，詠其承恩拔用，心懷感激的意思。

敦煌所見劉希夷詩四首的價值

　　因為「年年歲歲花相似，歲歲年年人不同」二句詩，寫得太好，一面既傳世不朽，一面也因此遭妒而送命的劉希夷，在唐代是位大詩人，到元朝還有詩集十卷傳於世，但至今日，只剩三十五首詩存於《全唐詩》卷八十二，英名湮滅，詩作散佚，幾乎只剩這二句略帶回文體的名句，為人傳誦而已。

　　但是在敦煌殘卷裡，發現傳抄他的詩不少，像伯二六七三、伯三六一九、伯三八八五，三張卷子筆跡相同，是出於同一人的手筆，其中有不少劉希夷的詩，在斯二〇四九號中也有他「年年歲歲」的《白頭吟》，在伯二五五五號中也有這篇《白頭老翁》，另外還有九首男女互答的情詩，也可能是他的手筆。《唐詩紀事》中說：「孫翌撰《正聲集》，以希夷詩為集中之最，由是大為人所稱。」其實從敦煌寫卷中常被傳抄看來，他的詩在唐代是備受重視的。

　　劉希夷在二十五歲時中進士，資容又美，用功於篇詠，文名頗盛，並以閨帷從軍的篇章為特長，喜為古調，少作近體，相傳是被他

的舅舅宋之問派家奴用土囊壓死的，起因就是為了宋之問太愛「年年歲歲」這一聯詩，希望襲為己有，劉死時年未及三十，大好的事業勳名，竟因骨肉相殘而殞命。至今這篇「年年歲歲」也同時載在宋之問的集子裡。

現在根據敦煌伯三六一九號中，有他的《白頭翁》、《北邙篇》、《搗衣篇》三首，仍存於《全唐詩》中，另有《死馬賦》一篇為佚詩。再取其他敦煌卷本及《文苑英華》、《樂府詩集》、《全唐詩》等加以校勘，敦煌卷本所存的異文，給研究者許多啟示，如「洛陽女兒惜顏色」的「惜」字，今作「好」；「伊昔紅顏美少年」的「伊」字，今作「憶」；「螢葉雙飛入簾　」的「葉」字，今作「火」，敦煌本原文確有高明之處，現將校勘的異文一一詳列於後，敦煌本的研究價值，自然豁顯出來了：

白　頭　翁

劉希移（夷）

洛陽城東桃李花，飛來飛去落誰家，洛陽女兒惜顏色，行逢落花長嘆息，今年花落顏色改，明年花開復誰在，已見松柏摧為薪，更見桑田變成海，古人無復洛城東，新人還對落花風，年年歲歲花相似，歲歲年年人不同，寄語年少紅顏子，須憐半死白頭翁，此翁白頭甚可憐，伊昔紅顏美少年，公子王孫芳樹下，清歌妙舞落花前，光祿池台文錦繡，將軍樓閣畫神仙，一朝臥病無人識，千朝遊歷在誰邊，宛轉蛾眉能幾時，須臾白髮古難思，但看古來歌舞地，唯見黃昏鳥雀悲。

此篇又見敦煌殘卷斯二〇四九號《古賢集》之後，詩題為「洛陽篇」，「洛」唐人常誤書為「落」，白氏詩卷亦有同樣筆誤，稱「洛陽篇」

是以詩句首二字名篇，像高適的《燕歌行》，首句「漢家煙塵在東北」，被改篇名為「漢家篇」一樣。另伯二五五五號題為「白頭老翁」，《文苑英華》卷二百七及宋本《樂府》卷四十一載此篇，題為「白頭吟」，在《全唐詩》據《唐詩紀事》卷十三及《唐詩紀初・唐卷》之二十四作「代悲白頭翁」。

「洛陽城東桃李花」，《英華》本「東」作「中」，《唐詩紀事》、《樂府》本及《詩紀全唐詩》作「東」，作「東」則地點較為確定，為老翁與少女對話處，且下文有「古人無復洛城東」，正指明城東。

「洛陽女兒惜顏色」，《英華》本與《全唐詩》「惜」作「好」，《英華》本曾見「洛陽」字一本作「幽閨」者，《唐詩紀》作「幽閨」。「女兒」作「兒女」，誤倒。因洛陽女兒珍惜顏色，故而下句「行逢落花長嘆息」，嘆息者惋惜之意，作「惜」與下文聯貫，《樂府》本與《唐詩紀事》、《唐詩紀》作「惜」，與敦煌本同，斯二〇四九號本抄工稍劣，錯別字多，此「惜」字作「洗」，為同音誤字。

「行逢落花長嘆息」，《英華》本、《樂府》本、《唐詩紀事》均同，唯《全唐詩》據《唐詩紀》作「坐見落花長嘆息」，「坐見」下又注「一作行逢」。《唐詩紀》上句是「幽閨女兒」，故此句可作「坐見落花」，若上句為「洛陽女兒」，則此少女與老翁對話系行道相逢時。斯二〇四九號亦作「行逢」，唯「息」誤作同音之「昔」。

「今年花落顏色改」，《樂府》本及《唐詩紀事》、《唐詩紀》、《全唐詩》、斯二〇四九號伯二五五五號皆同，《英華》本「花落」作「花開」，疑因下句而誤。此時正逢落花，故云「今年花落顏色改」。元人辛文房《唐才子傳》卷一引此一聯亦與敦煌本同。

「已見松柏摧為薪」，各本同，唯斯二〇四九作「既是松柏最為新」，最為新系「摧為薪」之音同誤字。

　　「更見桑田變成海」，各本「見」作「聞」，斯二〇四九及伯二五五五號本亦作「聞」，作聞不與上句見字重複。

　　「古人無復洛城東」，《英華》本「城」作「陽」，餘本與敦煌本同。伯二五五五號「洛城」作「洛成」，不通順，或改為「洛陽」。

　　「新人還對落花風」，《樂府》本及《唐詩紀》、《全唐詩》、伯二五五五號、斯二〇四九號「新人」均作「今人」，《英華》本作「今日」，作「新人」語更警醒。斯二〇四九號「風」作「蓬」，字誤。

　　「寄語年少紅顏子」，各本均作「寄言全盛紅顏子」，是唐時已有異文。伯二五五五號作「寄語今城紅顏子」，疑「全盛」誤為「今城」，字形相近，不通順，故改為年少。

　　「須憐半死白頭翁」，《英華》本及《全唐詩》「須」作「應」，意近，《樂府》本及《唐詩紀事》作「須憐」，與敦煌本同。斯二〇四九號「死」誤作「是」。

　　「此翁頭白甚可憐」，各本「甚」作「真」，是唐時傳本早有作「真」者。

　　「伊昔紅顏美少年」，斯二〇四九號及《英華》本、《全唐詩》「伊」均作「憶」，唯伯二五五五號及《唐詩紀事》、《樂府》本作「伊」，與此敦煌本同。「伊」即指此老翁而言，與上文「此翁」一意相連。劉希夷詩中喜為他人抒感，如《代秦女贈行人》、《代閨人春日》，故本詩題亦有改作《代悲白頭翁》者，希夷死時年未及三十（見《唐才子傳》卷一），故白頭翁非作者自身，作「憶」似為自憶，作「伊」直承上句「此翁」為佳。

　　「清歌妙舞落花前」，各本同，唯斯二〇四九號「清」作「輕」。

　　「光祿池台文錦繡」，伯二五五五號及《英華》本、《樂府》本、《唐詩紀》同，斯二〇四九號「文」誤作「聞」，《唐詩紀事》及《全唐詩》

「文」作「開」，文聞音同而誤，作「聞」不可通，又改作「開」，訛誤之跡顯然。

「一朝臥病無人識」，斯二〇四九號本「無人識」作「無知幾」，幾或為己之誤。《英華》本、《唐詩記》及《全唐詩》均作「無相識」，唯《唐詩紀事》與宋本《樂府》作「無人識」，與此敦煌本同。

「千朝遊歷在誰邊」，斯二〇四九號作「三春行落在垂邊」，垂為「誰」的別字，《英華》本亦作「三春行落在誰邊」，行落不通，落為「樂」的別字，伯二五五五號《唐詩紀事》、《樂府》本及《唐詩紀》、《全唐詩》均作「三春行樂在誰邊」。「三春行樂」似較切合「桃李落花」的季節性，但「千朝遊歷」與「一朝臥病」相對，長期的青春遊伴，老年都星散何處？多少帶有一些對酒肉朋友的責備，與上文「一朝臥病無人識」的句意形成對比。

「婉轉蛾眉能幾時，須臾白髮古難思」，伯二五五五號「蛾眉」作「娥眉」，又伯二五五五號及斯二〇四九號作「須臾鶴髮亂如絲」，《唐詩紀事》、《英華》本、《全唐詩》本正同斯二〇四九號本，知敦煌抄本愈多，愈易窺見唐詩原貌。《樂府》本作「須臾白髮亂如絲」，白髮同此敦煌本。

「但看古來歌舞地，唯見黃昏鳥雀悲」，斯二〇四九號「古」作別字「固」，「雀」作「鵲」，伯二五五五號亦作「鵲」。《樂府》本「古來」作「舊來」，「唯見」作「唯有」，《英華》本及《唐詩紀事》、《唐詩紀》、《全唐詩》亦作「唯有」，意均相近。又考劉詩《蜀城懷古》：「鳥雀參秦倉」，《代秦女贈行人》：「今朝喜鵲傍人飛」，又《死馬賦》：「月下忍聞飛鵲聲」，言雀用「鳥雀」，言鵲用「喜鵲」、「飛鵲」，但唐人雀、鵲往往通用。又《春女行》的結尾：「但看楚王墓，唯有數株松」，「但看」、「唯有」或劉詩所常用，劉詩雖僅存三十餘首，所寫花鳥美女與

荒墓殘淚，題材句法多有重複，可以作為校勘的參考。

北 邙 篇

　　萋兮春皋綠，行歌牧征馬，行見白頭翁，坐泣青松下，敢（感）嘆前問之，贈余辛苦詞，歲月移今古，山河更盛衰，晉家都洛濱，朝廷多近臣，辭賦歸潘岳，繁華稱季倫，梓澤春芳菲，河陽花亂飛，綠珠不可奪，白首同所歸，高樓倏冥滅，墓林久摧折，昔時歌舞台，今成狐兔穴，人事互逍（消）亡，世路多悲傷，北邙為吾宅，東岱是吾鄉，君看北邙道，髑髏縈蔓草，碑銘或半存，荊棘斂幽魂，悲涕棄之去，不忍聞此言。

　　敦煌殘卷中另有七言古詩《北邙篇》一首，伯二六七三、斯二〇四九、伯二五四四均收錄，但那首「南橋昏曉人萬萬，北邙新故冢千千」的七言《北邙篇》，都沒有署明作者，無法知道七言古體的《北邙篇》是否為劉希夷所作，王重民在《全唐詩外編》中列為劉希夷的佚詩，可說毫無根據，因為唐人如王建、張籍，都有《北邙行》，收入《新樂府》，這題目作者甚多。劉希夷的《北邙篇》是這首五言古詩，《文苑英華》卷三〇八及《詩紀》、《全唐詩》均收錄，詩中有「洛濱」字樣，所以改作今題「洛川懷古」，宋代郭茂倩所見的《北邙》此篇，一定已改了詩題，所以樂府的《北邙行》中沒收這一首。其實詩中有「君看北邙道」、「北邙為吾宅」句，作《北邙篇》也很切題。

　　「萋兮春皋綠」，《英華》本及《詩紀》、《全唐詩》均為「萋萋春草綠」，考劉詩《孤松篇》「淒兮歸風集」，《搗衣篇》「攬紅袖兮愁徙倚」、「絳河轉兮青雲曉」、「飛鳥鳴兮行人少」，《文苑英華》卷二一二載劉希夷佚詩《夏彈琴》有「魂兮從我游」句，是劉詩喜用「兮」字，

原文或本為「葽兮」，音近而改。皋、草則形似而改。

「行歌牧征馬」，《英華》本及《詩紀》、《全唐詩》「行歌」作「悲歌」，劉詩有「春日行歌」，又有「行歌伴落梅」句，《代秦女贈行人》詩有「遙想行歌共遊樂」句，是「行歌」二字為劉詩所喜用。

「敢嘆前問之」，「敢」為「感」之別字，各本均作「感」。

「梓澤春草菲」，《英華》本「梓」作「紫」，注文云校本中有「一作梓」者，《詩紀》、《全唐詩》作「梓」，《詩紀》校文有「一作紫」者。考梓澤本為地名，《晉書·石崇傳》：「崇有別館，在河陽之金谷，一名梓澤。」上文有「繁華稱季倫」，季倫即石崇的字。《英華》本不解「梓澤」義，誤作「紫澤」。

「河陽花亂飛」，《英華》本及《詩紀》、《全唐詩》均作「河陽亂花飛」，花飛甚亂，不是亂花飛舞，敦煌本正確。

「墓林久摧折」，《英華》本、《詩紀》、《全唐詩》「墓」並作「茂」，作「茂」則與上句「高」相對，劉詩喜依古調，體勢往往與時不合（見《唐才子傳》），因此未必以「茂」對「高」，作「墓林」取墓木已拱意，亦通。

「北邙為吾宅」，《英華》本、《詩紀》、《全唐詩》「為」作「是」，意同。「東岱是吾鄉」，《英華》本、《全唐詩》「是」作「為」，二句互換。「岱」《英華》本、《詩紀》、《全唐詩》作「岳」，均指泰山為歸魂之鄉，意同。

「髑髏縈蔓草」句下，《英華》本留有二句十字的空格，《全唐詩》據《詩紀》卷二十四，留九字空格，僅剩一「芳」字，並作注說：「第二十七句缺四字，第二十八句缺」，今以敦煌寫本來校對，發現並未缺字缺句，《詩紀》的「芳」字，不知從何而來，顯然是誤傳的。

「碑銘或半存」，《英華》本與《詩紀》、《全唐詩》「銘」作「塋」，

塋為墓地，碑塋則為二物，衡諸上下文，「髑髏」、「荊棘」均為一物，則作「碑銘」近乎原作。

「悲涕棄之去」，《英華》本與《詩紀》、《全唐詩》「悲」作「揮」，意近。

搗　衣　篇

秋天颸颸夜漫漫，夜白天清玉露團，煙山遊子衣裳薄，秦地家人閨閣寒，欲向樓中營楚練，還來機上裂齊桓（紈），攬紅袖兮愁思矣，盼青砧兮悵盤桓，（盤桓徙倚）夜已久，螢葉雙飛入簾櫳，西北風來吹細腰，東南月上浮纖手，此時秋月可憐明，此夜秋風別有情，君看月下參差影，為聽風間斷續聲，絳河轉兮青雲曉，飛鳥鳴兮行人少，攢眉緝縷思紛紛，對影穿針魂悄悄，聞道還家由未（未有）期，誰堪登隴不勝悲，夢見形容非舊色，所以裁縫改昔時，緘書遠寄交河曲，須及明年春草綠，莫嫌衣上有斑斑，直為思君淚相續。

劉希夷的作品被選入《樂府詩集》的不少，但這首詩並未選入《搗衣曲》，《文苑英華》也未收，《詩紀》、《全唐詩》則收錄。

「秋天颸颸夜漫漫，夜白天清玉露團」，《詩紀》、《全唐詩》「颸」作「瑟」，《從軍行》亦有「秋天風瑟瑟」句，或作「颯颯」，意近。「團」作「溥」，意同，「天清」作「風清」，第一句已有「天」字，故改。

「煙山遊子衣裳薄」，《詩紀》、《全唐詩》「煙」作「燕」，作「煙」為別字。

「欲向樓中營楚練」，《詩紀》、《全唐詩》「營」作「縈」，下句「還來機上」是楚練尚未織成，上句不當作「縈」。

「還來機上裂齊桓」，「桓」《詩紀》、《全唐詩》作「紈」，正確。

敦煌本下一行「盤桓」字恰在行末,「齊桓」亦在行末,抄寫者因涉下行「桓」字而誤。

「攬紅袖兮愁思矣」,《詩紀》、《全唐詩》「愁思矣」作「愁徙倚」,下文有「盤桓徙倚夜已久」句總束上二句,則此作「徙倚」為確,音同誤為「思矣」。

「盤桓徙倚夜已久」,敦煌本奪上四字。

「螢葉雙飛入簾牖」,《詩紀》、《全唐詩》「葉」作「火」,秋螢與秋葉,在秋風中故云「雙飛」,「葉」字不易識辨,考伯二六七三號,出於同一人手筆,書法相同,其《江上羈情》詩:「獨下三江路,飄如一葉浮」,「葉」字寫法一致,可據彼斷此為「葉」字。

「此夜秋風別有情」,《詩紀》、《全唐詩》「夜」作「時」,上句已有「此時」,此宜作「此夜」。

「為聽風間斷續聲」,《詩紀》、《全唐詩》「風」作「莎」,上文有秋月,故上句看月下,上文有秋風,故此句聽風間,文理細密,改作「莎」則不稱。

「聞道還家由未期」,「由未」《全唐詩》作「未有」,由為別字,當作「未有」。

「誰堪登隴不勝悲」,《全唐詩》「堪」作「憐」,意近。

「夢見形容非舊色」,《全唐詩》「非舊色」作「亦舊日」,若作「亦舊日」,則下句裁縫何必「改昔時」?形容見非舊色,故裁縫稍改肥瘦,若非敦煌本出現,今本意已不通,但竟無法挑出。「所以裁縫改昔時」,《全唐詩》「所以」作「為許」。

「莫嫌衣上有斑斑,直為思君淚相續」,《全唐詩》「莫嫌」作「莫言」,「直為」作「只為」,均為音近易字。

死　馬　賦

劉希移（夷）

　　連山死（四）望何高高，良馬本代君子勞，燕地冰堅傷凍骨，胡天霜落縮寒毛，願君回來鄉山道，道傍青青饒美草，鞭策尋途未敢迷，希君少留養疲老，君其去去途未窮，悲鳴羸臥此山中，桃花零落三春月，桂枝摧折九秋風，昔日浮光疑曳練，常時躡景如流電，長楸塵暗形影遙，上蘭日明蹤跡偏（遍），漢女彈弦怨離別，楚王興歌苦征戰，赤血霑霑君不知，白骨辭君君不見，少年馳射出幽井，高秋搖落重橫行，雲中想見游龍影，月下忍聞飛鵲聲，千里相思浩如失，一代英雄從此必（畢），監車垂耳不知年，妝樓畫眉寧記日，高門待封香（杳）無期，遷喬題柱即長辭，八駿馳名終已矣，千金賣（買）骨復何時。

　　《死馬賦》在敦煌卷子中僅一見，作者署「劉希移」，移字是「夷」的誤字，因為在「白頭翁」下也署「劉希移」，在劉希夷詩集中存著《白頭翁》的。

　　本詩王重民輯入《補全唐詩》，俞平伯與劉盼遂都校閱過，王氏重在輯佚，而本文重在校勘，因此王氏重在現今不存的作品，而本文重在現今尚存的作品。

　　「連山死望何高高」，寫卷者自校「死」字誤，在旁別注「四」字。

　　「希君少留養疲老」，「養」，王氏作「卷」，依俞劉說旁注「養」字，其實原卷本作「養」。

　　「上蘭日月蹤跡偏」，「偏」，當是「遍」字。「上蘭」王氏作「上策」，依劉校疑作「上林」，其實「上蘭」見於班孟堅《西都賦》：「遂繞酆鄗，歷上蘭」。鄗在上林苑中（見《說文》），上蘭觀也在上林（見

《三輔黃圖》）。上句「長楸」，楸王氏誤作揪，曹植《名都篇》：「鬥雞東郊道，走馬長楸間」，長楸對東郊，則此詩用以對上林亦佳。

「赤血霈霈君不知」，下「霈」字俞平伯以為當作「君」，正確，「霈君君不知」與下句「辭君君不見」相對稱。

「雲中想見游龍影」，王氏「龍」誤作「雲」。

「月下忍聞飛鵲聲」，「忍」王氏作「思」，這「忍」字行草，與下句「相思」的「思」字很相像，上句「想見」下句「思聞」意亦對稱，但《北邙篇》中有「不忍聞此言」，是「忍聞」也是劉詩所常用。

「一代英雄從此必」，「必」旁書寫者自注「畢」字，變跡漫漶而依稀尚存。

「高門待封香無期」，王氏「香」作「杳」是對的。

「千金賣骨復何時」，「賣」王氏校作「買」，可從。

劉希夷的佚詩，除《死馬賦》外，《文苑英華》卷二一二的《夏彈琴》一道也可以列入，《全唐詩》不曾收錄，另外在敦煌伯二五五五號卷子劉希夷的《白頭老翁》詩之後，有九首男女互答的情詩，前面七首題目為《思佳人率然成詠》，後二首為女郎《奉答》，我猜測這九首詩也是劉希夷的佚詩，因為《唐詩紀事》中引《唐新語》的話説他「好為宮體詩，詞旨悲苦」，《唐才子傳》中也説他「特善閨帷之作，詞情哀怨」，他正是擅長寫征人思婦的題材，而且他的詩集中就有《代閨人春日》、《代秦女贈行人》的作品，喜歡喬扮女聲，也和這種替女郎「奉答」的手法相同，所以我猜想可能是劉的佚詩，這九首情歌，説詳《敦煌情歌》一文，原載《聯合報·副刊》，現收入洪範書店《讀書與賞詩》一書中。

敦煌所見李嶠詩十一首的價值

　　李嶠是初唐的大手筆、大學士，武后時，文冊號令多出其手，為一時學者所取法。他的才思綺麗，非一般才人所及，因而流傳著夢中有人授他彩筆的故事。

　　《唐才子傳》説他有集五十卷，除雜詠詩外，尚有「單提詩百二十首，張方為注傳於世」，單提詩，應該就是「題目為單字」的詠物詩。今存的「單提詩百二十首」，在《佚存叢書》及《藝海珠塵》中都被稱為「雜詠百二十首」，「單提」已混淆為「雜詠」了。單題的詠物詩，句句用典，所以需「張方」作注，這《唐才子傳》中的張方，大概就是卷末所標作注文的「信安郡博士張庭芳」。

　　張注李嶠詩，作於天寶六年，失傳已久，敦煌斯五五五號及伯三七三八號出現的李嶠「單提詩」殘卷，都附有注文，王重民及神田喜一郎都認為應該即是張注。張注中有些典故，一般類書都不載，顯然有許多唐人還知道出處的典故，現在已經失傳，因此更增加了這張殘卷的價值。

　　王氏與神田氏都不曾對這殘卷詳加校勘，我現在根據《藝海珠塵》本（與《佚存叢書》同），及明銅活字本《唐五十家詩》（其所據為宋本），與《全唐詩》（《全唐詩》底本李嶠詩部分據《唐詩紀》卷二十七）等，來校勘這敦煌殘卷，發現異文不少，而敦煌本中大凡典實深僻者，往往詩句即被改竄成明白通曉的文字，以逃避難以索解的僻典，獲見此殘卷，才發現許多後人改竄的事實，因此殘卷也提供了不少李嶠原始的才思與匠心。本文旨在恢復李詩原本的面目，並將注釋補充完整，讓唐代時「人輒傳誦」的李嶠詩，真實的含義，重見於世。

　　今存斯五五五號正面殘存詠銀、錢、錦、羅、綾、素、布等七首，另伯三七三八號殘片存詠羊、兔、鳳、鶴等四首，各首皆無詩題，排列次序也或與今傳本不同。

　　斯五五五號正面第一行殘剩詠《銀》三句，敦煌本是：

　　光浮滿月光，靈山有珍甕，仙闕表明王。

　　第三句「表」字，《藝海珠塵》、明銅活字本《唐五十家詩》、《唐詩紀》及《全唐詩》作「薦」，表薦同意。「明王」《藝海》本、明銅活字本、《唐詩紀》及《全唐詩》作「君王」。張庭芳注引孫氏《瑞圖》「明王有道，則出銀甕」，是本當作「明王」。孫氏《瑞圖》疑即《隋志注》所謂梁有孫柔之《瑞應圖記》，又考白居易《初學記》卷二十七銀第二引《瑞應圖》：「王者宴不及醉，刑罰中，人不為非，則銀甕出。」其事相類。《初學記》又引《史記》：「蓬萊、方丈、瀛洲，此三神山也，皆以黃金、白銀為宮闕」，則詩中所謂「仙闕」亦切扣《銀》字。

　　其下為《錢》，敦煌本是：

　　五銖方立漢，九府昔興周，天龍帶泉寶，地馬入重溝，趙一囊初乏，何曾筋欲收，不聞盧鵲吠，貪吏絕來求。

　　「五銖方立漢」，《藝海》本、明銅活字本及《全唐詩》均作「漢日五銖建」。次句「九府昔興周」，《藝海》本作「姚年九府流」，「姚」下引中華本作「姬」（《藝海》據佚存本，佚存本來自日本，故稱國內本為中華本），明銅活字本、《唐詩紀》及《全唐詩》均作「姬年九府流」。

　　敦煌本及今本首二兩句亦各相對，今考《漢書‧食貨志》第四下：「凡貨，金錢布帛之用，夏殷以前，其詳靡記云，太公為周立九府圜法」，圜即是錢，錢是否始於夏時，「其詳靡記」，則李嶠據以作詩，自不得確定為「姚年九府流」，故中華本改「姚」為「姬」，不談夏殷而說周初，而張庭芳注亦引《食貨志》語，以太公始立九府錢法，則作「九府昔興周」為佳。

　　首句張庭芳注曰「五銖錢行於天下」，又注「後漢王莽改五銖錢為泉貨，後光武惡真真也」。今考《漢書‧食貨志》下：「莽即真，以為書劉字有金刀，乃罷錯刀、契刀及五銖錢」，又曰：「漢兵誅莽，後二年世祖受命，湯滌煩苛，復五銖錢與天下更始」，而《五行志》引建武六年蜀童謠：「黃牛白腹，五銖當復」，皆以五銖錢代表漢業，五銖錢的存廢即代表漢業正統的存廢，後劉禹錫亦有「業復五銖錢」句，據此則「五銖方立漢」語氣中較能表出五銖錢之重要象徵意義，非僅建於漢日而已。

　　「天龍帶泉寶，地馬入重溝」，《藝海》本、明銅活字本及《全唐詩》下句作「地馬列金溝」。是今本改第三字「入」為「列」，考李嶠《詠野》詩：「花明入蜀紅」，《又奉和驪山高頂寓目應制》：「山高入紫

煙」，《又詠河》：「竹箭入龍宮」，《詠檝》：「迢遞入燕營」，《詠羅》：「嬌聲入扇清」，《詠梟》：「鶴引入琴哀」，《又奉和天樞成宴夷夏群僚應制》：「迢迢入紫煙」，均可證李嶠喜在第三字用「入」字。

　　天龍地馬之說，張庭芳注引《食貨志》云：「在天莫如龍，在地莫如馬」，今本《漢書・食貨志》作「天用莫如龍，地用莫如馬」，故「重八兩，圓之，其文龍，名白撰，直三千二百，以重差小方之，其文馬，直五百」，是天龍地馬均為錢文。

　　「地馬入重溝」，敦煌卷本張注：「王武子向北邙山下編錢買馬埒，號為金埒。」考《藝文類聚》卷六十六引《世說新語》曰：「王武子移第近北芒，於時人多地貴，武子好馬射，買地作埒，編錢布地竟埒，時號金溝。」王武子為王渾之子王濟，事見《晉書・王渾傳》。「北芒」即敦煌本注文的「北邙」，「重溝」今本作「金溝」，而敦煌本張注亦作「金埒」，作金為是，重金二字行草形似而誤。「地馬」雙關二典，允稱妙筆。

　　「趙一囊初乏，何曾筋欲收」，此二句無異文，本文重在校勘，凡無異文，姑省勿論，唯句下有注文：「漢趙一詩曰：文籍雖滿腹，不及一囊錢。何曾性奢豪，日食萬錢，猶無下筋之處。」所引趙一疾邪詩，今存。

　　「不聞盧鵲吠，貪吏絕來求」，《藝海》本、明銅活字本及《全唐詩》均作「金門應入論，玉井冀來求」。考盧鵲為駿犬名，敦煌本張注云：「仲和為華陽太守，性貪，使吏巡門索，門人歌曰：盧鵲何喧喧，有吏來在門，披衣欲出門，門吏欲得錢。」當時典實俱在，後代典實失考，遂改為「金門」、「玉井」二句。

　　其下為《錦》，敦煌本是：

　　漢使巾車從，河陽步障新，雲浮仙石曉，霞滿蜀江春，色美回文妾，花驚制綺人，帷屏朝夕發，流彩遍重茵。

　　「漢使巾車從」，《藝海》本「從」作「送」，旁注中華本作「遠」，明銅活字本作「遠」，《唐詩紀》及《全唐詩》作「促」。考李嶠《九月奉教作》「飛蓋遠相從」，喜用從為句末字。張庭芳注引「漢馮夫人乘錦車迎」，考《漢書》卷九十六下《西域傳》：「馮嫽嘗持漢節為公主，使行賞賜於城郭，諸國敬信之，號曰『馮夫人』。……馮夫人錦車持節。」是「巾車」通「錦車」，以暗扣詩題。

　　「河陽步障新」，《藝海》本同，下注中華本「新」作「陳」，明銅活字本「障」誤作「陣」，新亦作「陳」，《唐詩紀》同，《全唐詩》依之作「陳」。張庭芳注「河陽」為「河陽公主」，案即趙飛燕，見《漢書》卷九十七下及卷二十七中之上。《藝文類聚》卷八十五引《世說新語》：「石崇錦步障四十里。」考《世說・汰侈》第三十：「石崇作錦步障五十里以敵之。」是「步障新」不僅有陳列義，更見其汰侈。

　　「雲浮仙石曉」，《藝海》本同，明銅活字本及《全唐詩》「曉」作「日」，張庭芳注僅云：「山中有錦石」，考《初學記》卷二十七錦第六引王子年《拾遺記》：「員嶠之山名環丘，東有雲石，廣五百里，有蠶長七寸，作繭長一尺，其色五彩，織為文錦，入水不濡。」雲浮仙石，疑即此「雲石」。

　　「色美回文□」，敦煌本抄漏一字，神田喜一郎補「錦」字，《藝海》本作「妾」字，明銅活字本及《全唐詩》全句作「機迴回文巧」，張庭芳注引：「晉竇韜為秦州刺史，徙流沙，取妾，其妻蘇氏在家，錦作回文以敘怨。」事見《晉書》，據此，則原文可能奪「妾」字。

　　「花驚制綺人」，《藝海》本作「花輕縉墨賓」。或因此句與「色美

回文妾」意同合掌，故改為賞詩之賓。明銅活字本改為「紳兼束髮新」，《唐詩紀》同，《全唐詩》依之，則又另出一意。考張庭芳注引古詩：「莫愁十三能織綺，十四學裁衣」，又引書曰：「綺文，錦綺之屬」，據此注文知唐時所見嶠詩，實為「花驚制綺人」五字。

「帷屏朝夕發」，《藝海》本作「若逢朱太守」，下注中華本一作「若逢楚王貴」，明銅活字本及《全唐詩》正同中華本。考李嶠《詠鵲詩》末尾：「倘游明鏡裡，朝夕動光輝」，是李詩常用「朝夕」。

「流彩遍重茵」，《藝海》本作「不作夜遊人」，下注中華本一作「不作夜行人」，明銅活字本《唐詩紀》及《全唐詩》正作「夜行人」。張庭芳注：「茵，褥也。宦婦賦：易錦茵以席。婦人有錦屏風。」則唐時所見句實以茵為韻。

其下為《羅》，敦煌本是：

> 妙舞隨裙動，嬌聲入扇清，蓮花隨帳發，秋月鑑帷明，雲薄衣初卷，蟬飛翼似輕，秦雪織纖縠，流思切琴聲。

「嬌聲入扇清」，《藝海》「聲」作「歌」，按之末句以「聲」為韻腳，則作「聲」為重出，作「歌」為是。明銅活字本及《全唐詩》作「行歌入扇清」。張庭芳以「古詩：飄我羅裳裾」注上句，以「今婦人有羅扇」注次句。

「蓮花隨帳發」，藝海本、明銅活字本及《全唐詩》「隨」作「依」，首句已有「隨裾動」，此不宜再用「隨帳發」，作「依」近是。唯考李嶠《春日侍宴幸芙蓉園應制》：「飛花隨蝶舞」，《寒食清明日早赴王門率成》：「花隨早蝶來」，《又送別詩》：「人隨轉蓬去」，李嶠喜用「隨」字，隨口而出，不覺犯重。張庭芳注：「古宮闕薄（簿？）婦人有蓮花

帳。」是蓮花為帳名，張注又引阮籍詩：「薄帷鑑明月」注下句「秋月鑑帷明」。

「蟬飛翼似輕」，《藝海》本、明銅活字本及《全唐詩》「似」作「轉」。張庭芳注：「蟬翼羅」，是蟬翼為羅名。《淵鑑類函》卷三百六十五猶存「蟬翼羅名」之解釋，或即據李嶠詩而來。又引《楚辭》「云衣號白露裳」注上句「雲薄衣初卷」。

「秦雪織纖縠，流思切琴聲」，《藝海》本、明銅活字本及《全唐詩》並作「若珍三代服，同擅綺紈名」。考沈約《謝賜絹啟》：「霜紈雪委，霧縠冰鮮」，謂縠上光似霜雪。下句張庭芳注引荊軻刺始皇事，始皇請聽琴聲，琴聲曰：「纖縠羅衣何足掣？」始皇乃跳而走，左右擊殺軻。考《史記正義》引燕丹子曰：「乞聽瑟而死，召姬人鼓琴，琴聲曰：羅縠單衣，可裂而絕，八尺屏風，可超而越，鹿盧之劍，可負而拔。王於是奮袖，超屏風走之。」《藝文類聚》卷八十五羅條中亦引此，是本詩乃用秦王奮袖絕裂羅衣事為結束。

其下為《綾》，敦煌本是：

金鏤通秦國，青縑達漢君，落花遙寫鳳，飛鶴遠圖雲，色帶冰霜影，光含霜雪文，何當步障□，同與日將曛。

「金鏤通秦國」，《藝海》本、明銅活字本及《全唐詩》「鏤」作「縷」，金縷衣本當作「縷」，又考《藝文類聚》卷八十五引《魏略》云：「大秦國有金縷繡雜色綾，其國利得中國絲素，解以為胡綾。」則尤可證字當作金「縷」，本詩云「通秦國」，正用《魏略》典實。

「青縑達漢君」，《藝海》本作「為衾值漢君」，陳光鑾校文謂「漢」乃「指魏」，以為仍用上《魏略》典，實則考《藝文類聚》卷八十五引

《漢官典職儀》曰：「尚書郎直，供青綾白綾被」，與張庭芳注引《漢官儀》曰：「尚書郎臥青綾被中」同意，此句非用上句《魏略》典，不必仍指魏君。中華本及明銅活字本「為裘值漢君」，作「漢君」不誤，《全唐詩》改為「為裘值魏君」，頗失原意。

「落花遙寫鳳」，《藝海》本、明銅活字本、《全唐詩》「鳳」均作「霧」。考庾信有《謝趙王齎皂羅袍袴啟》：「鳳不去而恆飛，花雖寒而不落」，則作「鳳」亦可通。然「寫」字嫌無著落。庾肩吾又有《謝武陵王齎白綺綾啟》，中有「寫霧傳花」句，而下句亦用此啟意，後人以為作「霧」為佳。霧、鳳唇音相近，易混。但張注有「鳳文綾、散花綾」語，張氏所見實作「鳳」字。

「飛鶴遠圖雲」，《藝海》本、明銅活字本及《全唐詩》「遠」均作「近」，考梁庾肩吾《謝武陵王賓白綺綾啟》：「圖雲緝鶴，鄴市稀逢，寫霧傳花，叢台罕遇。」似雲鶴為遠景，落花為近景。且李嶠《詠鶴》詩：「黃鶴遠聯翩」，言鶴喜用遠字。張庭芳注引古詩：「客從遠方來，贈我一端綺」，又曰：「古人有鳳文綾、散花綾，晉春有白鶴雲」，則此聯寫景，皆為綾名。

「色帶冰霜影」，《藝海》本作「色帶冰綾影」，下注中華本作「馬眼冰凌影」，明銅活字本同，《唐詩紀》同，《全唐詩》據之。考釋名曰：「綾者，其文望之似冰凌之理也」，而梁庾肩吾《答餉綾絞書》：「潔同雪霜」，是用冰霜形容綾色，古昔多有，但下句重出「霜」字，此或據釋名作冰凌為宜。

「光含霜雪文」，《藝海》本同，中華本及明銅活本字作「竹根雪霰文」，《唐詩紀》同，《全唐詩》據之。光含霜雪正用庾肩吾「潔同雪霜」意。且李嶠《秋山望月酬李騎曹》詩：「色帶銀河滿，光含玉露開」，非但亦用「光含」，且上對「色帶」，亦與本詩「光含」對「色帶」

相同。又《遊禁苑陪幸臨渭亭遇雪應制》：「光含班女扇」，亦喜用「光含」，又《詠銀》詩：「色帶長河色，光浮滿月光」，句法亦類似，或後人嫌其重複，故改，張庭芳作注時在天寶六載，當時所見仍作「光含」。

「何當步障□，同與日將曛」，步障下奪一字，張氏未注，不能從注文猜定闕文。或謂「令步障曼長，設屏以蔽日曬風塵，至日之將曛」，考《世説新語》卷三十：「王君夫作紫絲布步障碧綾里四十里」，本詩或用此典，「碧綾里四十里」，則闕文或為「里」字。《藝海》本作「何當畫秦女，煙霧出氛氳」，然霧字已出於第三句，故《全唐詩》改為「何當畫秦女，煙際出氛氳」，而明銅活字本下句僅存「煙際坐」三字，其餘闕。考李嶠詩末二句，後人改寫最多，首句云「秦國」，此不當再言「秦女」，可見敦煌本原意為佳。

其下為《素》，敦煌本是：

擢手（天津）女，纖腰洛浦妃，遠方魚漸躍，上花雁初飛，畫帳通螢影，娥庭聚日輝，行看婕妤扇，空防故人衣。

「擢手□□女」，《藝海》本「擢」作「濯」，中缺文二字為「天津」，明銅活字本及《全唐詩》則僅存「女」字，謂「缺四字」，《藝海》本佚存本均有字，查《全唐詩》底本乃本諸《唐詩紀》卷二十七，《唐詩紀》與明銅活字本李嶠集相同。考敦煌本僅二字殘破，但張庭芳注文引古詩：「迢迢牽牛星，皎皎河漢女」，則缺文或為「河漢」，或即「天津」，與下句「洛浦」相對。「河漢」平仄不合律，「天津」合律，唯李嶠時值初唐，近體格律不嚴，而後人所改往往合律。又古詩下為「纖纖擢素手」，正作「擢」，不作「濯」，取舉手之意，敦煌本正確。

　　「遠方魚漸躍」，《藝海》本作「魚腸遠方至」，明銅活字本首二兩字缺，《唐詩紀》與《全唐詩》亦然。僅存「遠方望」三字。考注文引「客從遠方來，遣我雙鯉魚」，則遠方魚漸躍，乃用古詩意，遠方客來遣我雙鯉魚，而中有尺素書，以切題旨「素」字。

　　「上花雁初飛」，《藝海》本作「雁足上林飛」，明銅活字本及《全唐詩》同。考張庭芳注文有「蘇武裂帛系書來還上林花中」，故云「上花雁初飛」，或別有所本。或「花」字並為「苑」字之誤，敦煌本已誤作花。今考《漢書》卷五十四「教使者謂單于言天子射上林中，得雁，足有系帛書，言武等在某澤中」，《藝海》本等據《漢書》，又見「上花」平仄不合，乃調其平仄，故改為「雁足上林飛」。

　　「畫帳通螢影」，下句「娥庭聚日輝」，《藝海》本作「砧杵調風響」，中華本及明銅活字本作「妙奪鮫綃色」，《全唐詩》同明銅活字本。考張庭芳注「婦人有素畫帳」，則當時實作「畫帳」句。

　　「娥庭聚日輝」，《藝海》本作「綾紈寫月輝」，中華本及明銅活字本作「光騰月扇輝」，《唐詩紀》及《全唐詩》同。考張庭芳注引「羿妻姮娥竊藥，羿覺之，上奔入月。又日如素鳥」。則娥庭本指姮娥，月聚日輝，以扣「素鳥」意。

　　「行看婕妤扇，空叨故人衣」，《藝海》本作「非君下山路，誰賞故人機」，中華本及明銅活字本作「非君下路去，誰賞故人機」，《唐詩紀》及《全唐詩》同。考張庭芳注引班婕妤詩：「新裂齊紈素」句，以切「素」字，叨，當為「叨」字，李嶠有《劉侍讀見和山邸十篇重申此贈》詩：「顧己慚鉛鍔，叨名齒珧簪」，是李嶠喜用叨字。叨、忝也，忝為故人衣，謂白衣平民，以切「素」字。敦煌本二句均切題旨，後人改作，又調其平仄為「非君下路去」，平仄既諧，實非李嶠原意。

　　其下為《布》，敦煌本是：

　　御績創義皇，緇冠表素王，暴泉飛掛鶴，火浣則天光，孫布登三相，劉君辟四方，幸因舂斗粟，來穆棘華芳。

　　「御績創義皇」，《藝海》本「御」作「潔」，明銅活字本作「御」，唯「皇」作「黃」，《全唐詩》與明銅活字本同。張庭芳注：「伏羲之時，始衣麻布」，御者侍用於旁之意，作「潔」則不通。

　　「暴泉飛掛鶴」，《藝海》本「暴」作「瀑」，中華本、明銅活字本作「瀑飛臨碧海」，《唐詩紀》同，《全唐詩》據之，張庭芳注：「山有水懸下如倒掛白鶴，天台曰暴布，飛流以介道」，是暴、瀑通用，借用瀑布以切「布」。

　　「火浣則天光」，《藝海》本作「浣火有炎光」，中華本、明銅活字本作「火浣擅炎方」，《全唐詩》據之。張庭芳注：「魏略曰：梁冀得火浣布，燒之更白，席上皆驚。」梁冀得火浣布事，亦見《藝文類聚》卷八十五引聖證論。又《藝文類聚》卷八十「火部」引《十洲記》曰：「火林山有火獸……取其獸毛，績以為布，名曰火浣布，國人衣服之，此布垢污，以水浣濯之，終日不潔，以火燒布，兩食久許出，其垢即去，白如雪。」又引《廣志》「火浣布有三種焉」，或為白鼠毛所績，或取草木皮所績，火浣則白如天光，此以火浣切「布」字。

　　「孫布登三相」，《藝海》本、明銅活字本及《全唐詩》「布」均作「被」，殆如謎底不揭於謎面，故隱去「布」字。張庭芳注：「公孫弘為漢丞相，臥布被中為三公。」

　　「劉君辟四方」，《藝海》本及《全唐詩》「君」均作「衣」，明銅活字本「辟」作「闡」，《唐詩紀》同，《全唐詩》本之，作「辟」為是。張庭芳注：「漢高祖：吾以布衣手提三尺劍取天下，歌曰：『安得猛士兮守四方。』」是當作「辟」不當作「闡」，而「衣」為謎底不當揭出，

故作「君」為是。公孫布被，劉邦布衣，均以切「布」字。

「幸因春斗粟」，《藝海》本及明銅活字本、《全唐詩》「幸」均作「佇」。所惜抄寫者將張庭芳注文注上句者錄於下句，而末二句未見注文，疑此蓋用漢文帝徙淮南王死事時民謠：「一斗粟，尚可春，一尺布，尚可縫，兄弟二人，不能相容。」斗粟事以暗伏「尺布」。

「來穆棘華芳」，《藝海》本作「來穆採花芳」，下注中華本作「來曉棣華芳」，明銅活字本正作此，《唐詩紀》同，而《全唐詩》本之。此句費解，又惜無注，後人改「來穆」為「來曉」，作翌日解，翌日棣華芳，或承上句兄弟相容和樂之意。唯李嶠《詠被》詩結尾：「孔懷欣共寢，棣萼幾含芳」，亦以兄弟和欣意作結，今本《詠布》若取棣華芳作結，則與彼重複。今考「棘華」實即「棗華」之異寫，《晏子春秋外編》卷八：「景公謂晏子曰：『東海中有水而赤，有棗華而不實，何也？』晏子曰：『昔秦穆公乘龍理天下，以黃帝布裹蒸棗，至海而其棗布，故水赤，蒸棗，故華而不實。』公曰：『吾佯問子耳。』對曰：『嬰聞佯問者，亦佯對之。』」是來穆，謂穆公來時，棗華當芳，中隱含裹棗布事，因棗寫作棘（棘、棗古通用，如《詩·園有桃》毛傳：『棘，棗也。』《說文》亦云：『棘，小棗叢生者。』）。後人不解「棘華」義，改為棣華，仍不通，又改穆為曉，則幾與詠被同義。

《藝海珠塵》本，《詠布》為最後一首，其下載天寶六年張庭芳序文，明銅活字本亦以「布」為詠物詩殿後，疑即古本次序的舊貌。今《全唐詩》，《詠布》之後列《詠舟》、《詠車》，而以靈禽、祥獸殿後，今見此敦煌斷片，斯五五五號下餘空白，當為卷末，而祥獸、靈禽均非卷末。

伯三七三八號殘片存祥獸及靈禽部，今本祥獸十首在靈禽十首之後，敦煌卷則祥獸在前，此殘片存祥獸《詠羊》末二句，《詠兔》一

首。靈禽部存《詠鳳》一首，《詠鶴》二句。

《詠羊》一首不全，首行存張庭芳注：「玉羊星在華山」及「蘇武在匈奴以毛裹雪吞之」，正注上文「夜玉含星動，晨毛映雪開」二句，明銅活字本及《全唐詩》「毛」作「氈」。

「莫言鴻漸力，長牧上林隈」，《藝海》本、明銅活字本及《全唐詩》均同。殘卷存張庭芳注：「式牧羊在山，上林花中。」所注為《漢書・卜式傳》事，式願輸家財半以助邊事，復持錢，給徙民之貧者，上召拜為中郎，式不願為郎，上曰：吾有羊在上林中，欲令子牧之，「式既為郎，布衣草履而牧羊歲餘，羊肥息，上過其羊所，善之。式曰：『非獨羊也，治民亦猶是矣，以時起居，惡者輒去，毋令敗群。』上奇其言。」是長牧上林，當用此典，注謂上林花中，疑涉前注「上花雁初飛」而言，上花並為上苑之誤。

其下為《詠兔》，敦煌本是：

上蔡鷹初擊，平崗兔不稀，目隨槐葉長，刑逐桂枝飛，漢殿跧容伏，梁園隱跡微，方知感純孝，郭郭引兵威。

首句各本同，次句「平崗兔不稀」，《藝海》本同。明銅活字本及《全唐詩》本「兔」作「遠」，亦似謎底不出現於謎面，故意隱去「兔」字。但張庭芳注引古詩「平崗走寒兔」，則有兔字為宜，李嶠原意並不以題面字為避忌。上句張庭芳注引《史記》李斯事，較今本則增「臂蒼鷹」三字，奪「俱出上蔡東門」六字。

「刑逐桂枝飛」，《藝海》本、明銅活字本及《全唐詩》「刑」作「形」，作「形」正確；「枝」則作「條」，意近。考李嶠《中秋月》詩：「何人種丹桂，不長出輪枝」，又《詠桂》詩：「枝生無限月」，言桂均

喜稱「枝」。張庭芳注引《莊子》「槐入季春，五日而兔目，十日而獵耳」，今《藝文類聚》卷八十八引《莊子》「獵耳」作「鼠耳」。張引《莊子注》第三句謂兔之目隨槐葉長成，又引「虞嘉論：日月中有桂樹。春秋元命苞：日月中有白兔」，詩意謂兔的形體逐桂枝飛躍。

「漢殿踡容伏」，《藝海》本、明銅活字本及《全唐詩》作「漢月澄秋色」，張庭芳注引《魯靈光殿賦》曰：「狡兔踡伏於柎側」，《文選》卷十一「柎」字作「栭」，五臣注此句：「踡，縮足也，枓門上橫木刻狡兔形，置木於背也。」則兔為斗栱上雕刻的裝飾，若作「漢月澄秋色」，則仍用上句月中有兔意，不免重複。

「梁園隱跡微」，《藝海》本、明銅活字本及《全唐詩》均作「梁園映雪暉」，張庭芳注引《西京記》：「梁孝王有兔園，以養兔。」神田喜一郎引日本古抄注文，以謝惠連《雪賦》有「遊於兔園」句，則古注謂「映雪暉」兼取雪賦意。然「隱跡微」對「踡容伏」，屬對精准。「映雪暉」系與「澄秋色」相對，「漢月澄秋色」重出月兔意既重複不妥，則此句自亦以「隱跡微」為佳。

「方知感純孝，邪郭引兵威」，《藝海》本、明銅活字本及《全唐詩》「方知」均作「唯當」。考李嶠《詠原》詩第七句：「方知急難響」，又《詠旌》第七句：「方知美周政」，又《詠帷》第七句：「方知決勝策」，又《詠鑑》第七句：「方知樂彥輔」，是李詩第七句喜以「方知」二字為運意轉折之用。

此二句張庭芳注引《孝子傳》：「謝方儲，至孝，感白兔，馴其廬，有賊入，避之不入壘。」似二句所述為同一人事，其事見《初學記》卷二十九及《藝文類聚》卷九十鸞條下，引吳謝承《後漢書》載方儲字聖明，母死墳種奇樹千株，白兔遊其下。僅言白兔感孝，而無賊不入壘事。而後漢蔡邕《祖德頌》亦有「兔擾馴以昭其仁」句，「以昭」與

「方知」意相近，又考《後漢書・蔡邕傳》：「邕性篤孝，母卒，廬於冢側，動靜以禮，有兔馴擾其室。」故《初學記》直以兔擾室為蔡邕事蹟。至於「郖郭引兵威」或為另一典實，事或失傳，考庾信有《齊王進白兔表》，其中謂正「用綏邊鄙」、「方事申威」，獲白兔則有「金精表瑞」意，以白兔有「王者嘉瑞和平之應」，其說由來甚早，至韓愈《賀徐州張僕射射白兔書》亦云有「伏逆」之象，後《遼史・太祖本紀》神冊六年冬十二月，記圍琢州事，有「白兔緣疊而上，是日破其郖」，或兵家舊說，至遼時尚存。

其下為「靈禽十首」，第一首《鳳》，敦煌本剩六句，是：

有鳥自丹穴，其名曰鳳皇，九包應聖端，五（色）成文章，屢向秦樓側，頻過□水陽。

「有鳥自丹穴，其名曰鳳皇」，《藝海》本同。明銅活字本「自」作「居」，《唐詩紀》、《全唐詩》同。張庭芳注：「山海經曰鳳出南方丹穴」，雖云「出」，出與自意同。「皇」，《左傳》、《毛詩》、《大戴禮》字均作「皇」，《藝海》及明銅活字本作「凰」。《唐詩紀》、《全唐詩》作「皇」。《山海經》：「南禺之山，有鳳皇鵷鶵。」字亦作「皇」。李嶠《詠麟》詩「為待鳳皇來」，《唐詩紀》及《全唐詩》亦作「皇」。

「九包應聖瑞，五（色）成文章」，《藝海》本、明銅活字本、《全唐詩》「包」並作「苞」，張庭芳注引《孝經・援神契》：「鳳皇有九包，一曰心合度，二曰（口）包命等。」考《初學記》卷三十鳳第一引《論語緯・摘衰聖》：「鳳有六像九包，……九包者，一曰口包命，二曰心合度，三曰耳聽達，四曰舌詘伸，五曰彩色光，六曰冠矩州，七曰距銳鉤，八曰音激揚，九曰腹戶行。」《爾雅・翼》云：「口包命者，不

妄鳴也。」據此則「九包」不當作「九苞」。

　　「聖瑞」各本作「靈瑞」，《初學記》又引後漢劉楨《鳳皇》詩：「何時當來儀，要須聖明君」，亦作聖瑞解。且《藝文類聚》引郭璞《圖贊》：「鳳皇靈鳥……應我聖君」，《論衡‧講瑞篇》：「光武皇帝生於濟陽，鳳皇來集……自為光武有聖德而來，是則為聖王始生之瑞。」則作「聖瑞」實據王充《論衡》。「五色成文章」，敦煌本奪「色」字，張庭芳注引韓詩：「鳳，靈鳥，五色成文章。」又《漢書‧宣帝紀》：「三月辛丑，鸞鳳又集長樂宮東闕中樹上，文章五色。」是所闕為「色」字。

　　「屢向秦樓側，頻過□水陽」，「□水」各本均作「洛水」，張庭芳注：「秦穆女弄玉好……」以下殘破。考《藝文類聚》卷九十引《列仙傳》：「蕭史教弄玉吹簫，作鳳聲，鳳皇來止其屋，秦穆公為作鳳台，一旦皆隨飛去。」注明上句秦樓意。

　　「□水陽」，缺文左旁「頁」字尚存，《藝海》本「陽」作「傍」，明銅活字本及《全唐詩》均作「陽」，敦煌本陽字亦殘缺左文，據古籍中鳳皇資料，或言漢陽（顧愷之《鳳賦》），或言濟陽（王充《論衡》），或言嶧陽（王勃《寒梧棲鳳賦》），其次則言洛陽，《宋書‧符瑞志》述漢哀帝時「鳳皇集洛陽」，言水則均為洛水，如《春秋合誠圖》：「黃帝遊玄扈洛水上，鳳皇銜圖置帝前。」今考李嶠所作《詠龍》詩云：「含章擬鳳雛」，又云「西秦飲渭水，東洛薦河圖」，言「鳳」時云「洛」以與「秦」相對，與本詩同。又李嶠《詠洛》詩亦云：「花明丹鳳浦」，言鳳亦在「洛」，則所闕字宜為「洛」字，洛字或書作「雒」，何以敦煌卷殘存「頁」旁，考《史記‧高祖本紀》：「南渡平陰津，至雒陽、新城，三老董公遮說漢王。」雒陽正書作「頟陽」，是古人書「頟」有作「頁」旁者。

　　其下二句敦煌本脫奪，《藝海》本作「鳴岐今已見，阿閣佇來翔」，

明銅活字本「巳」作「日」，《全唐詩》作「日」，附注「一作巳」。

　　《詠鳳》之後是《詠鶴》，敦煌本僅存起首二句：

　　黃鶴遠聯翩，從鷥下紫煙。

　　此二句《藝海》本、明銅活字本及《唐詩紀》、《全唐詩》並同。
聯翩、紫煙，為六朝詩人詠鶴時常用，如梁吳均《別鶴》詩：「聯翩遼
海間」，宋鮑照《代別鶴操》：「丹羅籠紫煙」等是。

唐代的離婚證書

　　訂婚結婚，今天都有正式的證書，離婚有沒有一定格式的證書呢？現代人都還沒見過，可是唐代人已有了文情並茂的規範，特別是對於雙方離婚後的祝福，寫得很美，比起現代人的惡言相向、白眼相對，或許要文明多哩！

　　筆者所編的《敦煌寶藏》一書中，曾看到三張唐代人離婚證書的式樣，叫作「放妻書」。放妻書的體例都分成三段，第一段重述夫妻間的緣分，應該如何情深義重，所謂「生同床枕於寢間，死同棺槨於墳下」，像鴛鴦雙飛，像魚水同歡，更有的寫著：要生十個男孩，都做公卿；要生漂亮的女孩，溫和內外等等，開頭這一段，大概是要雙方重溫當初的美夢吧？

　　第二段就寫男女雙方的現況，說明離婚的理由，這三張證書中離婚的理由，全是性情不合，並沒有看到古代犯「七出」之條的理由，諸如無子、嫉妒、多嘴、竊盜、不孝翁姑等，更沒有「外遇」的字樣，而形容雙方人際關係的破裂，常喜用兩種動物來比喻，如「貓鼠相

憎」、「羊虎同心」、「狼跋一處」（狼跋是指十分狼狽的意思），互相如
冤家相對，一言不合，就起衝突，動人的描寫如：「夫若舉口，婦便生
嗔；婦欲發言，夫則捻棒！」捻棒是捏住棒子追趕想打的樣子，這般
粗魯，實在無法住在同一個屋頂下了。

　　第三段是寫離婚後的祝福，二人既然像「乾沙握合，永無此期」，
不如「一別兩寬，各生歡喜」，唐人離婚書中愛用「歡喜」字樣，這大
概是離婚的目的。祝福詞有的祝福雙方各有前程，例如：「夫覓上對，
千世同歡；婦聘豪宗，鴛鴦為伴」，有的只祝福娘子相離以後如何如
何，祝福她能重梳蟬鬢，另選「重官雙職」的丈夫，不但能「巧逞窈
窕之姿」，還能「千秋萬歲」青春永駐！祝福雙方的，可能是由雙方共
同提出離婚要求，單祝福女方的，一定是男方片面提出的。但都要說
一段吉利話、讚美話，讓對方解怨釋嫌，也算是夫妻一場，沒有白
做！

　　在離婚證書的末尾，有些注明給女方三年衣糧為贍養費，有些還
注明不許眉來眼去，舊情復燃！明白地寫著：「忽有不照驗約，倚巷曲
街，點眼弄眉，息尋舊事」，則該當何罪！不准破鏡重圓，又是為什麼
呢？要人審慎三思，不能視同兒戲吧？大體上來說，中國古代的婚
姻，不只是男女二人的結合，而是兩個家族的結親，所以離婚證書都
有會聚兩家父母、親戚共同作證的規矩。古人結婚的過程繁雜，離婚
的手續似乎也不簡單。再則從這三張離婚證書的用字用語看來，都是
相當溫柔敦厚，比起古詩中所說「新人從門入，故人從閣去」那麼唐
突草率而又殘忍無情的休妻鏡頭，應該是合乎人道得多了。

　　最遺憾的是：敦煌卷子中只看到「放妻書」，不曾看到由女方主動
出面的「放夫書」，敦煌卷子中雖有五張「放良書」，可惜「良」不是
指「良人」，而是指奴僕的「從良」，要不然「放良書」中所寫的「枯

鱗見海，必遂騰波，臥柳逢春，超然再起」，假若用之於離婚書的祝福詞中，可就過分大方有趣了！

（1981 年 11 月 29 日《中國時報‧人間》）

▲ 唐人的離婚證書叫「放妻書」

放妻書

　　蓋以伉儷情深，夫婦語義重，幽懷合巹之歡，□念同牢之樂。夫妻相對，恰似鴛鴦，雙飛並膝。花顏共坐，兩德之美，恩愛極重，二體一心。生同床枕於寢間，死同棺槨於墳下。三載結緣，則夫婦相和，三年有怨，則來離隙。今已不知，想是前世怨家。眅目生憎，作為後代增嫉，緣業不遂，見此分離。聚會二親，以□一別。所有物色書之。相隔之後，更選重官雙職之夫，弄影庭前，美逞琴瑟合韻之態。搣（戒）恐舍結，更莫相談，千萬永辭，布施歡喜，三年衣糧，便獻柔儀。伏願娘子千秋萬歲。時厶年厶月厶日厶鄉百姓厶甲放妻書一道。

▲ 離婚書上寫明不許「點眼弄眉」，以免舊情復燃

　　蓋聞夫婦之禮是宿世之因，累年共修，今得緣會，一從結契，要盡百年。如水如魚，同歡終日。生男滿十，並受公卿，生女柔容，溫和內外，六親歡美，遠近似父子之恩，九族邕怡，四時如不憎更改。奉上有謙恭之道，恤下無儻無偏。家饒不盡之財，姑娌稱長延之樂。何乃結為夫婦，不悅鼓（鐘），六親聚而咸怨，鄰里見而含恨。蘇乳之□，尚恐異流，貓鼠同巢，安能得久。二人意隔，大小不安，更若連流，家業破散。顛鐺（破）卻，至見宿活不殘，擎食集□，便招困□之苦。男飢耕種，衣結百穿。女寒績麻，怨心在內。夫若舉口，婦便生嗔。婦欲發言，意則捻棒。相憎終日，甚時得見。飯飽衣全，意隔累年。五親何得團會，乾沙握合，永無此期。謂羊虎同心，一向陳話美詞，心不合和，當難取辦。夫覓上對，千世同歡，婦聘豪宗，鴛鴦為伴。所要活業，任意分將。奴婢驅馳，幾歲不勤。兩共取穩，各自分離，更無期，一言致定。會請兩家父母六親眷屬，故勒手書，千萬永別。忽有不照驗約，倚巷曲街，點眼弄眉，思尋舊事，便招解脫之

罪。為留後憑，謹立。

夢裡乾坤

　　「夢」是一個有趣的話題，古代的人把夢當作吉凶的信息、命運的前兆，對於能解釋夢境意義的人，視同巫術一樣的神祕。

　　在古代，迷信與科學是難以分辨的，「夢」與「醫術」不分，相傳《占夢經》與《素問》等都託名出自黃帝。春秋時，巫可以替人解夢，也可以替人治病。所以古人解夢，大抵分成兩方面，一方面以為夢能診斷疾病，預測生理的狀況，像《左傳》中「病入膏肓」的典故，就是把夢解釋為身體症狀的例子。而《素問》中以為肚子飽就會夢見給別人東西，肚子餓就會夢見拿別人東西，又說：「肝氣盛則夢怒，肺氣盛則夢哭」，都以生理作用解釋夢，多少帶有一些科學的意味。

　　另一方面則把夢的事物象徵，都賦以固定的吉凶意義，筆者在編輯《敦煌寶藏》時，見到《解夢書》二卷，可能是現存最古的解夢書。這張殘卷從「天文章第一」、「地理章第二」……到「龜鱉章第十六」、「言語章第十七」，把夢中的事物分類得很細，也很有趣。

　　夢中事物的象徵方法，好像沒什麼一定的頭緒，大致來說，夢與

現實利害相反的解釋較多，譬如：夢見父母死亡是富貴，夢見自己死亡會長命，夢見棺木將得官，夢見棺中有死人就得財，夢見被人殺是能得他人的助力，夢見在市上殺人就大吉，夢見得病乃是有喜事，夢見哭泣也是有喜事，夢見兄弟打架是和合的意思，夢見被人縛住則大吉，夢見被老虎吃掉大吉，夢見蛇群也是大吉利，夢見穿黑衣服將有婚事、穿孝衣將有官做等等，這些說法，至今仍流行於里巷間。

　　也有夢的暗示與現實一致的，譬如：夢見彈琴是有聲譽，夢見頭髮亂是百事不通，夢見鞋子掉了是奴婢要出走的象徵，夢見門戶洞開是妻子和別人私通的象徵，夢見乘白馬是有喪事，夢見騎羊是會得好妻子，夢見拿火炬夜行是有光顯的事業，夢見起大屋是將要富貴，夢見地動是將有遷徙的憂慮，夢見地陷是母親將死等等，都還有一些線索可尋。

　　還有一些似乎與現實象徵沒什麼關係，如夢見妻子帶刀就快要有兒子，夢見刀劍將要得錢財，夢見蛇入懷是好的，但夢見青蛇是東窗事發，夢見紅蛇是將要生病，最莫名其妙的是夢見吃生肉、熟肉都吉利，但吃肉卻大有講究，吃牛肉吉利，吃狗肉要爭訟，吃豬肉則將要生病，真是不可思議。

　　這些解夢書，當然有它歷史的淵源，絕不是相士、巫師一人的創見，譬如「夢見婦溺水中生貴子」，或許和《論衡‧吉驗篇》中說伊尹的母親夢見大水淹沒鄉鎮而生伊尹有關。又如「夢見井沸溢富貴」，或許和《越絕書》中記載吳王夫差夢見井溢，因而大勝越兵有關。又如「夢見牛，所求皆得」，「夢見殺牛，得財大吉」，或許和《三國志‧蜀志》中說蔣琬夢見牛頭流血，因而作尚書令有關。至於「夢見乘船渡水得財」，「夢見乘船水漲大吉」，「夢見日月照貴」，這些或許和《竹書紀年》中說伊摯將受聘於湯，夢見乘船過日月之旁有關。這麼看

來，《解夢書》中也結集先民某部分的「智慧」哩。

　　隨著科學的昌明，夢，已經成為開啟內在心靈奧妙的鑰匙，心理分析學家本著「原欲」的觀念，一切夢都解釋作「性」，寫成了一部轟動世界的《夢的分析》，更有的認為其中含有個人潛意識與智慧啟示，把夢看作與神話、詩歌一樣高貴，都是象徵性的語言。

　　夢的研究將來如何發展，尚難預料，但也有一些生理醫師，把大部分的夢都歸納為膀胱中承受壓力的暗示，或許事實真相原本如此，但那就太簡單、太沒趣了！

　　　　　　　　　（1981 年 11 月 14 日《中國時報・人間》）

▲ 解夢書的首端已殘缺了

見身毛生七十日得天子

夢見飛上樓四望□日得

燈樹落八十日有應

燒天子　光武夢乘

乘龍上天身被羽夜百

吳武列皇明吳昌門生武

喜事　夢見聞雷驚富貴

亦開必憂早行　夢見日月

富貴　夢見拜日月者富貴　夢見流星

行亦廢　夢見上天入官得祿大吉夢見

大吉利　夢見服日月者富貴□利　夢

富貴

地理章第二

夢見地動憂移徙

見道路平直大吉　夢見土身入安穩夢見土

□即辱事　夢見運土堂中大吉利

夢廁惡衣貯財　夢見地陷憂母死　夢見病□

□地臥大吉

雜事章第三

夢見牙齒落

夢見露齒多訟　夢見兀群者得官　夢見髮亂百

事不通　夢見父母亡富貴　夢見得人拜貴人吉　夢見叩頭　向人

百事

□夢見被發為人所謀　夢見彈琴有聲　夢見箭未射侇財　夢見

□者大吉　夢見身居高山富貴　夢見食生宍（肉）熟宍吉　夢見

梳頭

□事通　夢見頭白益年受（壽）　夢見身死者長命　夢見被賊者為

人所求　夢見怕怖憂官事　夢見足下農（膿？）上大吉富貴　夢

見身亀（蟲）病除吉

夢見寧亀（蟲）者吉　夢見身人棺遷進吉　夢見頭髮長長命

哀樂章第四

夢見歌舞者大吉　夢見上床坐吉　夢見號哭得人力　夢見水

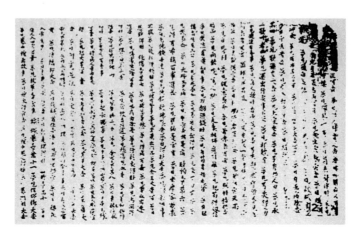

上歌舞者大吉　夢見運出行家事不安　夢見打鼓有　夢見號哭得人力　夢見哭泣有喜事　夢見病人歌葉者凶　夢見牽號哭射求皆得夢見著新衣者宜官

器服章第五

夢見死者戈一堂得財　夢見食犬宍諍訟　夢見妻飲酒宍吉　夢見拔刃行者有利益　夢見飲酒宍天雨　夢見自勢利　夢見繩索長命　夢見著孝衣有官　夢見照鏡鏡明吉暗凶　夢見向鏡笑為人欺　夢見夫妻相拜應別離　夢見杷笏得奴信　夢見哭泣有慶賀事　夢見刀劍得錢財

夢見自笏貴族求婚　夢見起高樓位至三公　夢見身死長命　夢見著皂衣訟得理　夢見妻帶刀有子　夢見機長命　夢見大醉憂病　夢見牛宍吉豬憂病

財物章第六

夢見得有布絹百事進益　夢見羅納憂官事　夢見坐席客欲來　夢見與他錢吉達　夢見與他錢被他嗔吉　夢見得針大吉　夢見得釵規事不成　夢見被縟得錢財　夢見綯有婚事　夢見坐薦出門凶　夢見金玉大貴富　夢見絲綿得財

化傷章第七

夢見發落憂愁　夢見得病有喜　夢見腰血出遷進吉　夢見被煞得他力　夢見被擊縛大吉　夢見

舍宅章第八

夢見乘船渡水得財　夢益田宅有喜事　夢見乘船水漲大吉　夢見乘車行得官職　夢見乘車上城富貴　夢見將病人車內身死　夢見門戶開婦人與他人通　夢見新架屋益□　夢見上廁臨官祿　夢見起大屋富貴　夢見上屋望者大吉　夢見苦屋大吉　夢見屋角大吉　夢見謝灶過除　夢見宅新有貴子　夢見屋中牛馬凶　夢見門戶大吉

市章第九

夢見戈（歌）高樓上吉　夢見橋上叫訴得理　夢見耕田翻事重夢見身入市富貴　夢見渡橋梁大吉　夢見作驢道仕帝遼（旁）　夢見市中坐得官　夢見光炬祖入市生貴子　夢見春夏寒冷大吉　夢見穀麥塊得財

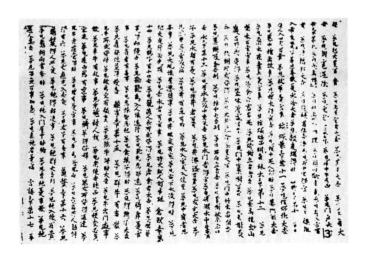

四時章第十

夢見使人入田宅富貴　夢見拔草憂官事（冢）

冢墓第十一

夢見作冢槨大吉　夢見墓中棺出故事　夢見棺木得官吉　夢見棺中死人得財　夢見墓門開大吉　夢見桑木在堂上憂官事　夢見棺冢暗凶明吉

林木章第十二

夢見柴木在堂官事　夢見吃食六畜多死　夢見倚樹立者吉　夢見坐高樓（出）山岩石所求皆得　夢見墓林茂盛富貴　夢見門中生桑樹富貴　夢見大樹長命　夢見伐樹所求皆得　夢見大樹落陰蓋屋大富夢見門中竹木□□吉　夢見果樹及舍吉利　夢見林中大吉利　夢見西向立者吉　夢見棗樹繁亦□舌

水章第十三

夢見居水上及中坐並吉　夢見水門者得官　夢見婦溺水中生貴子夢見水竭有憂　夢見作井者富貴　夢見井沸溢富貴　夢見犬究（突）大吉　夢見落井憂官及病　夢見井有魚有勤　夢見水入宮或入位至夢見中庭者見喜事　夢見大風壞屋遷徙事　夢見井眠家有衰　夢見電下水流得財　夢見把火夜行必光顯　夢見赤水者有官事　夢見將火照人奸事路（露）

禽獸章第十四

夢見鵁子有十□舌　夢見鼠齧人衣所求皆得　夢見虎食者大吉夢見鷹並菟得印復吉　夢見飛飛鳥入人懷遠行　夢見飛鳥鳥欲遠　夢見騎虎憂官事　夢見雀者有喜事　夢見鳥懷智惠（慧）起　夢見食鵁子得財　夢見得鵁子大吉　夢見雀祿位並得授喜

雜事章第十五

夢見群牛有事散　夢見牛所求皆得　夢見被馬交（咬）有祿貴
夢見煞牛得財大吉　夢見牛出門奸事發　夢見牽牛有禮事　夢見乘驢
被人誤　夢見乘使吉純凶　夢見杖枝必急客來　夢見乘白馬有喪事
夢見騎羊得好婦　夢見煞犬所（求）皆得通達　夢見牛肉在堂得財
夢見豬有憂官事　夢見牛馬必風雨　夢見六畜共人語得行有六　夢見
犬齒光人求食　夢見犬子有喜事

龜鱉章第十六

夢見龜鱉得人所愛　夢見蛇得移徙事　夢見蛇群大吉利　夢見蛇
入懷有貴　夢見龜相向者夆（降）財　夢見蛇入門屋中財物　夢見青
蛇憂事發　夢見蛇逐人妻吉　夢見得魚百事知（如）意　夢見赤蛇者
憂病

言語章第十七　夢

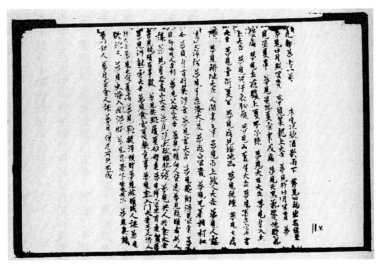

▲ 這是另一張解夢書，有些事物相同，有些不同

豬八戒的由來

　　豬八戒在民間看來，簡直是一個開心果，他率直地表達出好吃又好色的慾望，加上他豬頭人身的造型，與憨魯貪戀的性格，已夠滑稽，而每次想動歪腦筋，總是出醜失敗，引來不少的笑聲。

　　豬八戒的知名度，早就家喻戶曉，他是《西遊記》中同赴西天取經的五聖之一，他協助唐三藏，經歷了八十一場禍難，終於獲得成功。《西遊記》的作者雖說是明代的吳承恩，但那只能說是《西遊記》故事的演化，到了吳承恩的筆下，使這部小說的藝術性達到精美的巔峰，事實上，《西遊記》中的每一角色，都有他們源遠流長的來歷。

　　日前整理敦煌資料，發現一張唐人所繪的圖像，是斯坦因氏從敦煌石室中劫走的幢幡，幢幡上繪的是大摩利支菩薩，菩薩的腳踝前，有一頭金豬，豬不是被踏著作車乘，在唐代畫家的筆下，金豬已經是豬頭人身的形象，兩手架開，奔走飛快，造型非常活潑，正是法力無邊的樣子，那就是後代傳說豬八戒的雛形！所以在元代楊景賢所寫的《西遊記》雜劇中，豬八戒自稱是「摩利支部下御車將軍」，這「御車

將軍」在小說家筆下遂變成西行取經時挑擔的腳伕了。

　　這張圖像和密宗《佛說大摩利支菩薩經》中記載不同的地方，就在豬的造型上。經中說菩薩坐在豬身上，還有豬車，但畫像中的豬卻是人身的立像。其餘則畫像與經文是一致的，比如這菩薩憤怒時頭上有三張臉，每張臉上有三隻眼睛，可以現出八隻、六隻或四隻胳膊，頭髮豎立起來，滿身熾焰像一團烈火。佛經中說，念這個菩薩的名號，就火不能燒，水不能漂，足以制止毒藥，降伏冤家。又說如果修練有成，可以隱身，可以變身相，這些神通，都是塑造豬八戒形象的靈感來源。

　　豬八戒既與摩利支菩薩關係密切，在唐三藏所譯的密教部《佛說摩利支天菩薩陀羅尼經》中，有一段話與《西遊記》故事也有關聯，經中說：「王難中護我，賊難中護我，行路中護我，失於道路曠野中護我，晝日護我，夜中護我，水難中護我，火難中護我，羅剎難中護我，茶枳你鬼難中護我，毒藥難中護我……」這麼多種厄難，也許就是《西遊記》中經歷種種厄難的張本吧？經中也說：「若有人識彼摩利支天菩薩者，除一切障礙、王難、賊難、猛獸毒蟲之難、水火之難。」則塑造摩利支菩薩左右的護法神，來作為協助渡過八十一難的角色，自有其淵源的關係。當然，在小說中，已把這位護法神象徵了更多的意義，他象徵佛教「戒定慧」中「戒」的層次，也象徵人性中基本的食色感官的層次，他也是每一個人內在慾望的化身，「豬八戒」這個名字與實質，兼含著禁慾與縱慾的兩個相反面，所以充滿著修真與貪戀的矛盾衝突。

　　最近鄭明娳博士完成了她的學位論文——《〈西遊記〉探源》，取材豐富，考證精詳，她也認為豬八戒與大摩利支菩薩有關聯，筆者年來因編輯《敦煌寶藏》，偶見倫敦所藏敦煌「大摩利支菩薩」的幢幡畫

像，腳前有立身的豬像，正好給她的論文找到一個有力的證據。

（1981 年 11 月 15 日《中國時報・人間》）

▲ 豬八戒原來是大摩利支菩薩腳下的小金豬

久已失傳的望氣術

中國學術中最精秘、玄幻的一個字，可能就是「氣」字，詩文講究摸不著邊的「氣」，孟子的《養氣章》最難講得清，醫師治病大談其氣，堪輿師看風水也重視氣，整個社會有抽象的風「氣」，還有所謂望氣術：「金陵王氣」關係國家的氣數，「金銀氣」更是迷人心竅！

每次讀《史記》，讀到秦始皇察覺東南方有「天子氣」，就御駕東遊去厭塞它！劉邦竟神經兮兮地懷疑天子氣就在自己身上，竟去匿隱於山澤中，怕秦始皇望到他！他的妻子要尋找劉邦，都是根據「雲氣」的位置，底下就尋獲劉邦。每次讀到這裡，不免發笑，猜想是夫妻倆串通著做宣傳的。但是劉邦引兵到了灞上，范增派人去望氣，據報「皆為龍虎成五采」，認定是「天子氣」，這段記載，實在玄奇得很。

望氣的由來極古，周代叫作「望氛」或「祲」，在歷代史書的天文志、五行志中記載得很多，但氣究竟怎樣望法？失傳已久。把玄虛抽象的望氣術畫成具體的圖像，敦煌石室中新發現的四十八幅「氣象圖」殘卷，可能是世上僅存的一張日常望氣圖，居然可以望見「寶氣」！

這張圖是準備獻給皇帝的，圖末特別強調確實「曾考有驗」。

　　從這張敦煌殘卷裡，看到有些氣像「狼虎騰躍蹲伏」的形狀，卷中說：家園中有這種氣，就會出「將軍之子」，並不出三年，就封公封侯。又有些氣像玉圭、像屏風，下面有封王侯、晉爵為三公的人，而有些氣像「萬丈竿，衝天直豎」，黃色的就是「天子氣」，這大概是最偉大的一種氣，但如果顏色是青紅白黑，就表示將有災變，又如果出現雲如火焰的「猛將」之氣，必然兵革滿野，流血成河。出現雲如泉溢的「海精」之氣（海精是鯨魚，見《七曜齋筆記》頁一九六），必然百川決溢，人民流亡，還有些黑色成點的氣，能預知盜賊或滅門之禍。

　　望氣中最逗人遐思的，應該是依據雲氣的形象、色澤，可以挖掘地下的寶物礦藏，連礦藏在幾丈幾尺的深度都算得出來，像林木間有紅色的氣如藤蔓爬樹，地下埋有銅錢或金寶；有的氣層層卷疊像樓台，挖下去，深不過三丈，淺不過二丈，就有盈尺的玉；又有的林麓間發現「反沸出入」的白氣，下面有玉器或金子；有的白氣直豎像刀刃之狀，地下埋有許多兵器。想來礦物在地下活像個精靈，竟能吞雲吐霧，興風作浪，夠荒唐的啦！

　　這張殘卷中，還大量引用了巫咸、範增、陳平、李淳風、墨子、呂不韋的話，這些話在唐代可能還知道出處，現在大都已失傳了。墨子與呂不韋的書中，有不少是介乎哲學與科學之間的論述，注意到望氣術，也是可能的。古代諸子百家中，以兵家最重望氣，打仗時有所謂「攻城行軍占」，城中的氣是什麼顏色，往哪個方向飄，都可以決定這座城會不會投降，城裡的人可不可以屠殺，假如城的氣色如死灰，就可以屠城；城裡的氣冒出來向東飄，這城就不可以攻，在《越絕書》第十二卷中還存著「記軍氣」一節，以為「氣有五色，青黃赤白黑色」，軍隊上有紅色氣直到天上，表示這支軍隊「有應於天」，誰去攻

打就自誅其身；如果青氣在軍上，表示「其謀未定」，如果青氣在右，則一定是「將弱兵多」，黃氣在右，則「將智而明」，不可能投降，而如果敵軍有白氣在左或在前，可能就會投降；如果對方出現黑氣，總是不祥，大概都是「不攻自降」了。北京所藏的敦煌殘卷中，也有一張專占「軍氣」的占雲氣書，其中說「丙丁日，有雲黑，不可攻」、「庚辛日，赤雲，不可攻」、「戊己日，青雲，不可攻」，雲氣不但分五色，還得配合時日甲子，比《越絕書》中分得更細密，雲氣裡還有如鬥雞、如牽牛、如蛟龍、如豹的，都是不可以攻打的表徵，這些說法，可能都有來源，像《史記・楚世家》說軍中有「赤雲如鳥，夾日而飛」，也許就是「如鬥雞」說的由來吧？又像《史記・天官書》說「雲氣有獸居上者勝」，也許就是「如牽牛、如蛟龍、如豹」都不可攻打的由來吧？望氣的說法真是太玄太玄，看來一道小小的雲氣，有時還能搭救全城人的性命呢！

（1982 年 1 月 13 日《中國時報・人間》）

▲ 這些望氣圖裡，可以望見封王封侯，也可以望見金銀財寶。

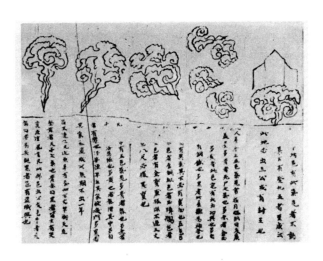

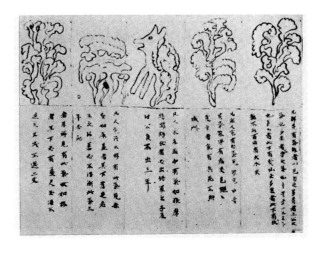

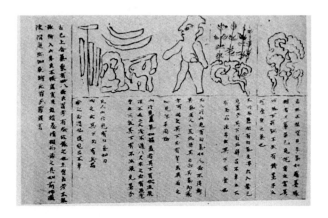

▲ 敦煌所出「占云氣書」，是專占「軍氣」的

武則天喜造怪字

　　大凡性格特殊的人，都有一種特殊的慾望，造幾個怪字，強制全國人民使用，也是滿足特殊慾望的一種方法。

　　武則天巧慧而多權術，喜造怪字。在敦煌殘卷中，發現一本《大雲經疏》，這是一本武則天替自己竄改國號做理論依據的書，其中怪字連篇：如合併「天大吉」三字成「君」字；合併「山水土」三字成地字。天字用篆文形式，寫得像「而」字。一個圓圈就是「星」字，日月二字也是圓圈，中間加些曲線。「年」字是上下重疊一個「千」字，左右各加「刀」字。她的年號「載初」二字，造得更特別，「載」字是夫字下面加車字，「初」字是「兀」字下包容二個貝字與一個土字。故意使「載初」與「君」字的上半部像「天」字，後來乾脆把年號改成「天授」。幸好怪字沒流行到現代，否則將增加中文電腦的麻煩。

　　這本《大雲經疏》，是牽合《佛說大雲經》中的黑河女王就是武則天，拐了許多彎來證明武則天做女王，是佛在世時就預先說定了的，並說明以女身出現是「方便之身」，並不是真的女身。佛經中說黑河女

王有「化城」，武則天就造「明堂」；佛經中說化城有「白銀柱」極高，柱下有「萬世銘」，武則天就在明堂後面造「天堂」，其中的佛像就有百餘尺高，下面並挖出一塊武后應受天子符命的「廣武銘」；佛經中說女王在化城樓上打金鼓，武則天就花費五十六萬斤銅鑄九州鼎；原來武則天稱聖神皇帝時種種篡逆怪誕的行為，都在這本失傳已久的《大云經疏》裡，找到動機與依據。連武則天自己的名字「照」，造一個怪字，用「明空」二字合併而成，也是應合讖語中「共和明」的指示，暗示自己曾垂簾聽政，正合天意，乃是「二聖並理，與日月齊明」的意思！

　　在敦煌經卷中，另有一本《佛說國王不黎先泥十夢經》，其中採用不少新造的字：如合併「千山」二字成「正」字；在「四」字的框框裡包一個「方」字，就成「國」字；在「一」字下面寫「生」字，就成「人」字（又怕與「生」字混淆，另造一個「匚」中加「出」字，作為「生」字），在「一」字下面寫「忠」字，就成「臣」字；遠在甘肅敦煌的邊荒之地，居然也遵用武則天新制的字來抄經，有人認為是由於「聲靈遠訖」，可以媲美秦漢，其實那只是武后大開殺戒的緣故，她曾派六道使，向各方追殺流放在外的人，動輒千百，又鼓勵告密，告密的人可以免費坐官家的車輛，還有州縣護送，並賞賜金銀官爵，刑獄又極其殘酷，連自己的兒女和最親密的夥伴，都不免遭她的毒手，誰敢不用她造的字呢？然而她用淫威公布通用的字，也因她的死亡而自然廢止了。

　　古來的暴君，似乎都有許多共同的怪癖，造新字也是其中的一項，如秦始皇、王莽，都在竄改文字上動腦筋，武則天自然不肯例外，後來太平天國也造新字，把「國」字寫成「王」在「口」中（敦煌殘卷中，唐人已有在「口」內寫玉為國字的，見《雲謠集》「國泰時

清晏」句，洪楊改玉寫王）。

（1982 年 3 月 4 日《中國時報・人間》）

▲ 敦煌所存預言武則天將做女王的《大云經疏》中，有許多武則天造的怪字。第八行第八九字為「天地」，第十行第二字為「君」，倒數第七行開頭是「載初」，倒數第六行開頭是「日月」，下面的圓圈是「星」字。

▲ 遠在邊荒沙漠的方外人士，抄經時不敢不用武則天造的怪字，第一行倒數第三字是「正」，第二行第七字是「國」，第十三字是「人」，倒數第三行第二字是「臣」。

唐代有具象詩嗎？

　　在敦煌石室的殘卷中，見到一個陌生而奇怪的名稱：「方角書一首」，把四十個字，排成方塊迷魂陣的樣子。以前的敦煌學者沒看懂，只說：「以三十六字，縱橫各排六字，外圍四角，另布以『陽關靜滅』四字。」

　　其實沿圖中毛筆虛線去讀，原來是從中間讀起，成蝸螺狀，向外開展，就成一首五言八句押刪韻的古體詩：

> 江南遠客跧，翹思未得還，
> 飄起沙場苦，詳取淚如潸。
> 忤直古人志，鏗雅韻峰巒，
> 尫逼那堪說，鯨滅靜陽關！

　　詩末署名為「懷慶書」，應該是一位流落在敦煌塞上的江南遊子所寫，大意說：江南的遠客，卑身屈伏在這兒，翹首思念，無法東還故

鄉。風沙飄起,沙場多麼辛苦,詳細地想想,淚珠潸潸而下。我是性
急而諒直的人,心志與古人一樣,做起詩來意雅調鏗,但詞峰才峰帶
點粗野自恣,蠻得可愛呢!在這兒,一股緊張、逼迫的氣氛不堪細
說,只希望早日剪滅鯨鯢,打敗侵略者,使陽關永遠寧靜!

　　八句古體詩做得還不錯,第七句「鏗雅韻峰蠻」比較難解些。但
整首詩如果僅僅是這樣一種讀法,那把一首詩彎彎曲曲、縱橫上下地
寫,也沒有太多趣味,而像「尪逼」就是「逼迫」的意思,何必用如
此生冷的字面?至於「鏗雅」、「詳取」、「飄起」等詞,在全句中也嫌
勉強,因此猜想它還有其他的讀法,是不是可以從「陽關靜滅鯨……」
那樣沿虛線倒過來往裡面打圈子讀呢?只覺得倒過來讀時,各句的末
句「鯨」、「鏗」、「怦」都是庚韻,也是押韻的,而「詳」在陽韻,「江」
在江韻,根據古詩所謂「陽韻通江轉庚」的法則,原來都能押韻。而
「翹」、「飄」在蕭韻,「尪」作逼迫解在豪韻,蕭、豪二韻古詩又通
押,很可能是為了倒讀時也押韻,才用了許多生澀、拼湊的詞語吧?
這首詩究竟共有多少種讀法,就請聰明的讀者自己去尋繹罷。

　　我以為這詩除了可能帶有「回文體」的形式外,多少還帶有一些
「具象詩」的傾向,所謂具象詩就是「視覺詩」、「立體詩」,是打破單
線直敘的詩行,利用平面圖形並列的方式,以空間關係來加強詩行的
圖畫性。

　　試看本詩的「方角」是東南西北方的意思,字在四角,形成四個
面,可能暗示男兒志在四方,圖形排列層層圍繞,像城牆,也強化了
「陽關」的圖畫意象。核心最小處是「江南遠客」四字,外圍最遠最大
處是「陽關靜滅」四字,「跧」是指個人的屈伏,「鯨滅靜陽關」是大
漢天聲的伸張,這含義或許已表達出「人小志大」、「犧牲小我完成大
我」等理念,這圖形的輔助,使詩的內涵相得而益彰了。

　　「具象詩」是二十世紀初期才興起於歐美的新玩意，在中國唐代會有具象詩嗎？我以前曾寫過一篇《古典詩中的具象效用》的文章，舉唐代「一韻至七韻詩」及豎起來的「寶塔詩」為例，有時詩意與外在的形相也有些雙關，如劉禹錫的《嘆水》，由句型漸長，水流也漸遠，由一勺而至漫漫千里！又劉禹錫的《賦春鶯》詩，疊成寶塔形，鶯棲在最高枝上，由鶯聲獨唱開端，愈啼愈繁，直到百囀如簧，已唱出了春深時千門萬戶的垂楊煙景，由小角度展開到千門萬戶的廣角度，可說是詩的形式與內容配合一致的好例子（參見拙著《詩與美》）。

　　這種形式在隋代就有人試過，沙門釋慧英有一三五七九言詩，每兩句加兩字，雙句則押韻，隨著句型的漸長，而游得更遠了：

　　游，

　　愁，

　　赤縣遠，

　　丹思抽，

　　鷲嶺寒風駛，

　　龍河激水流！

　　既喜朝聞日復日，

　　不覺年頹秋更秋！

　　已畢耆山本願誠難駐，

　　終望持經振錫往神州！

　　詩句的長度，量出了遠遊的比例，游赤縣，度鷲嶺，直至整個神州，這意思從句型的衍長上暗示出來，也造成視覺上層遞的快感。

　　至於白居易寫「詩」，亦由一至七字，王起寫「花」，元微之寫

「茶」等，有的內容還能與形式有關，有的則未必有關，完全落入文字的遊戲，則總嫌過於機械。而這首《全唐詩》沒收錄到的，遺存在敦煌石室中的「方角詩」，可算是在時間的音樂節奏之外，兼具圖形的空間美了，說它是一首「具象詩的先驅者」也該可以吧？

（1982 年 5 月 27 日《中國時報・人間》）

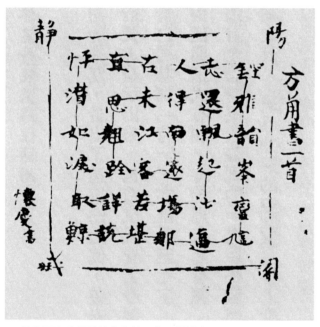

▲ 敦煌石室中所見的方角詩，像一個迷宮

　　第一場中國與外國的國際球賽，可能是在唐朝景龍三年（西元709年）冬天舉行，比賽地點是在長安芳林門旁的梨園球場。賽的是馬球，外國球隊的領隊是吐蕃派來迎接金城公主的大使尚贊吐。

　　起先幾場球賽，都是吐蕃得勝，後來中宗皇帝派臨淄王（即後來的唐玄宗）、李邕、楊慎文、武秀等組成球隊再賽，其中有的是王子，有的是駙馬，名手雲集，史書上說唐玄宗當時「東西驅突，風回電激」，成了鋒頭最健的明星球員，那次國際球賽遏阻了吐蕃凌厲的攻勢，打成了平手。自此以後，唐代馬球賽的風氣日盛，次年二月庚戌，在梨園球場又舉行拔河與球賽，還正式記入正史，詩人沈佺期、崔湜、武平一等均賦詩以記盛況。

　　在敦煌殘卷中，也有一首記載唐人馬球賽的詩，全詩是：「時仲春，草木新，初雨後，路無塵。林間往往多花鳥，樓上時時見美人。相喚同情共言語，閒悶結伴遊球場。傳中手執白玉鞚，都史乘騎紫騮馬，青一隊，紅一隊，輲比玲瓏得人愛，前回斷當不贏輸，此度若輸

沒須賽。脫緋紫，著錦衣，銀鐙金鞍耀日暉，場裡塵飛馬後去，空中
球勢使前飛。球似星，杖如月，驟馬隨風真充凡。人衣濕，馬汗流，
傳聲相問且須休，或為馬乏人力盡，還須連夜結殘籌。」（詩中錯字或
俗字已改正）從這首詩裡，可以知道一些馬球賽的概況，馬球在空中
飛像流星，球是以皮做的，中間填滿獸毛，打球的杖，杖頭像初月彎
彎，類似現今的馬球杖或高爾夫球杖。蔡孚詩中所謂「寶杖雕文」，看
來比現在的高爾夫球杖還要豪華。球隊的制服分青紅二色，色彩鮮
麗，詩中的「軻比」，大概是裁判，史書上說「軻比能」是鮮卑的一
族，身材矮小，但是執法最平正，本詩說軻比身手玲瓏，得人喜愛，
前次裁斷為沒輸贏，這次再判為輸就沒資格再賽了。有時賽到日落黃
昏，也要把今天的分數賽出輸贏的結果來。

　　唐代的馬球賽，常常弄得人仰馬翻，鬧出人命。像韓愈就勸張建
封少打馬球，以保性命安全。又像劉悟曾撞僕了李師古的馬，差些被
殺頭。但也有因打球而陞官的，像唐武宗時，周寶因打球弄瞎了一隻
眼睛，勇氣可嘉，被陞官為涇原節度使。唐僖宗時，西川節度使出
缺，有四人被列入考慮的名單，後來竟用打球的勝負來決定名次，陳
敬瑄贏得馬球賽「第一籌」，做了西川節度使。

　　球賽風氣之盛，當然是受皇帝喜愛的影響，唐朝的玄宗是馬球賽
的國手，一打球就百事不管了，宋代的晁無咎有一首詩諷刺他說：「宮
殿千門白晝開，三郎沉醉打球回，九齡已老韓休死，明日應無諫疏
來！」一打球就希望諫章奏疏全免呈上啦！晚唐時的僖宗更是球迷兼
高手，他曾對伶人石野豬說：「我如果能參加馬球賽的進士考試，一定
會得狀元！」石野豬回答道：「如果是堯舜在做禮部侍郎，恐怕陛下會
被駁斥放逐哪！」僖宗哈哈大笑，沒有責怪他。現在英國皇家喜愛的
馬球賽，王子尤其著迷，這唐朝的遺風流韻，竟然風行於英倫，誰說

一定不是受唐朝國際球賽的影響呢？

（1982 年 1 月 2 日《中國時報‧人間》）

▲ 敦煌石室中所見唐人的馬球賽詩

▲ 唐章懷太子墓壁上的馬球賽圖

新年談祥瑞

　　數祥瑞的事物，種類之多，中華民族可能是世界上第一的，儘管孔子不談怪力亂神，孔門的教化，喜把神話合理化、人格化，但是將「麟鳳龜龍」看作是「四靈」，仍出於儒家的主張。孔子自己也嘆息說：「鳳鳥不至，河不出圖，吾已矣夫！」再加上獲麟絕筆的故事，則經孔子承認的祥瑞，至少已有了三樣。

　　敦煌石室中所出現的六朝人瑞應圖，畫各種祥瑞的事物，有蛇龜一體的玄武，有龍馬背負的河圖，仍不出儒家四靈的範疇，但是整個民間社會，受陰陽讖緯家說法的影響，各種符瑞祥異，已經擴及許多動植物及自然界，非但天降甘露、地湧醴泉，還有雙穗的嘉禾、連理的樹木、各色的靈芝、九尾的狐狸，連白鹿、白狼、白燕、白鳩、白鳥……都是祥瑞的預兆。

　　應用在日常生活上，祥瑞的預兆更多，如眼皮跳會有好酒菜吃，燈芯草爆火花是要得錢財，喜鵲中午叫是有遠客要來，蜘蛛集合將有各種喜事，唐代的詩人權德輿有詩道：「昨夜裙帶解，今朝蟢子飛，鉛

華不可棄，莫是藁砧歸？」把唐代婦人迷信吉兆的情景寫得很生動，蟢與喜同音，蟢子就是蜘蛛，難怪蜘蛛集合就有多種喜事。更妙的是裙帶自解也是丈夫回家的好兆頭！相傳不少瑞應的說法是出於漢初的陸賈，其實有些說法是吸收自印度的佛教。

譬如佛教中有《十二緣生祥瑞經》，討論眼皮跳和烏鴉叫的時辰，以決定各種吉凶：正月初一左眼皮跳，是要獲得財物；二月初一左眼皮跳，是父母要不開心；三月初一眼皮跳要吵架，四月初一眼皮跳是所求的事都滿意，五月初一左眼皮跳是有親骨肉要來，六月初一左眼皮跳是所求皆獲得，七月初一左眼皮跳是有爭論的事情，八月初一左眼皮跳是會得到遠方的音信……至於烏鴉叫，正月初一烏鴉在右方叫是要得財，在左方叫是要被關入監牢，叫得像吟唱是有愛人要來，在北方叫是有快樂喜悅的事情。……十月初一在右方叫是妻女都有喜事，在左邊叫是遠方行人一定回家等等，可見眼皮跳以及「柴門鳥雀噪，歸客千里至」的說法，與佛教的關係密切。這卷佛經中，還指出哪天適合沐浴剃髮，哪天適合嫁娶，更有趣的是：正月初一衣服被老鼠咬，是表示失掉的財物要回來；衣服被火燒，是表示有喜事；衣服被油漬弄污是父母在想你！這種種說法和大年初一摔碎碗碟是歲歲平安一樣，以破財消災的想法，強化了東方人樂觀的生活哲學。

當然，中國本土的陰陽五行家及道家，對祥瑞靈徵的事，比印度人分析得更細密，譬如今年是狗年，在《雜五行書》中對養狗就大有考究，養黑頭白身的狗，會讓人發財，養白身黑尾的狗，會讓人世世代代有車子坐；養黑身白耳朵的狗，主人會富貴；養黑身而前腳白的狗，主人的子孫將貴發；養黃身而白尾的狗，則世世是衣冠望族！除狗的顏色外，對一胎生出小狗的數目也有區別：一胎生四隻小狗，就以養其中黃色的最好；生五隻小狗則其中青色的最好，六隻則紅色最

好，七隻為黑色最好，八隻為白色最好，數目與顏色、方位都有關，就祥瑞的眼光看來，天地之間，真是處處玄機！

　　然而無論迷信機祥達到如何纖瑣的程度，中國人總是秉持著以德為本、禍福自取的信念，認定一切的太平符瑞，都來自「承天順理」、「修禮達義」，必須是和樂的氣氛充塞，才能嘉瑞呈現。漢代王充《論衡》一書中，記載有人將男女走在路上能各守禮分、市場上做到真正不二價、阡陌上的農夫也相互禮讓、頭髮斑白的人都有人幫他提東西，認為這些都是「太平瑞應」，和出現麒麟、鳳凰並列在一起，這種觀念何等「現代」！原來一座守法的城市或一個有禮的村莊，才真正是天下太平的瑞應圖！

（1982 年 1 月 26 日《中國時報‧人間》）

▲ 龍鳳麟龜是中國人祥瑞的代表，所以敦
　煌所見的「瑞應圖」裡，畫著「龍馱河
　圖」與「玄武」

榆林壁畫中的孫悟空

　　《西遊記》是一部老老少少聽了都會手舞足蹈的妙書，它的作者，目前是署名為明代的吳承恩。吳承恩博覽群書，又好奇聞。在明代天啟年間的淮安府志裡，的確記載著吳承恩的著作，有《西遊記》一部。其實西遊記的故事由來，自有其源遠流長的歷史，中間不知吸取了多少民間的文采與智慧，匯合了多少佛家道家的傳說與想像，吳承恩只能算是替《西遊記》作最後改訂修飾的一位巨匠罷了。

　　多彩多姿、神奇幻變的《西遊記》，原來是憑藉真人真事的故事，假想而成。唐玄奘的《大唐西域記》，是一本偉大的著作，而「悟空」這法號，也是本有其人的，他姓車，並不姓孫，小說家把他與玄奘湊在一起，並且變成猿猴的化身，陪隨唐僧去西天取經，使一路上充滿了光怪陸離的神魔影子，平添多少笑料與趣味！

　　《西遊記》故事，可能在唐宋之際就形成了雛形。究竟起於哪一朝？若就文字資料去考訂，最早是見於元代末年陶宗儀的《南村輟耕錄》，其卷二十五有「院本名目」一條，指金代的院本，多承遞唐代傳

奇、宋代戲曲而來。金代院本「和尚家門」裡，有「唐三藏」一本，由於記載太簡略，無法確知金代的「唐三藏」院本中，人物情節已經發展到如何的地步，目前能看到的，是南宋本的《大唐三藏取經詩話》，這算是最早的「西遊記」，比吳承恩的年代要早二三百年。

但是如果從佛廟的壁畫上去求證《西遊記》故事的傳說，會發現比文字資料更早的記錄，如歐陽修在景祐三年寫的《於役志》（《全集》卷一二五）中，曾見過五代時揚州壽寧寺的壁畫，他說：

> 寺甚宏壯，畫壁尤妙，問老僧，云：「周世宗入揚州時以為行宮，盡杇墁之。」惟經藏院畫玄奘取經一壁獨在，尤為絕筆。

壽寧寺裡的「玄奘取經」圖，是考訂《西遊記》極珍貴的資料，畫於周世宗之時（西元 954 年），離唐代不遠，比金代院本更早，可惜到今天圖畫早已毀壞，又無法詳知歐陽修所見的取經圖內容。

然而，很幸運的，在西北敦煌附近的榆林窟裡，發現了三幅「唐僧取經」壁畫，壁畫中已經出現了孫行者「悟空」的存在，畫匠常能反映民間盛行的傳說，由此可以推測，北宋歐陽修所見的壁畫上，也可能已有了孫悟空。

榆林窟第二十九窟的東壁北端，在觀世音像下已有了唐僧和孫行者，唐僧彎腰作禮，孫行者在下方，並有白馬馱著東西。畫壁雖因年久變黑，但可以辨出旁邊另外立著一位白衣秀士，手執鮮花，作答話狀。據南宋本《大唐三藏取經詩話》中的說法，唐三藏往西天取經與孫悟空相遇，孫悟空就是以「白衣秀士」的面目出現，而自願參加取經的，那麼這「白衣秀士」是故事連續的變相，仍是孫悟空？抑或代表別人？

　　另外榆林窟第三窟、第二窟都各有唐僧取經圖，第三窟是畫在西壁南端的普賢像南方，唐僧站在山崖絕壁處，兩手合十作禮，頭頂有靈光與云氣，孫行者是猿首人身，衣履具全，兩手也合十作禮，毛茸茸的面目中也有著敬畏的神情，旁邊有白馬駄著蓮花寶座，上面載運著寶物，寶物還有光氣四射，這時天風正飄起唐僧的衣帶，在山窮路斷處祈禱，給人很美的遐思。榆林窟第二窟所畫是唐僧在左，隔水向觀音合十禮拜，孫行者則牽著馬在右旁，馬只露頭頂，不像第三窟是把白馬畫了全身。

　　這三幅畫都是西夏時代的作品，西夏王李元昊占領河西一帶，統治瓜州沙州，是在西元一〇三二年。至西元一二二七年西夏滅亡，這三幅畫必然是作於西夏盛強的時代，所以雖略晚北宋歐陽修所見的壁畫，卻比現今各種文字記載的《西遊記》年代要早，鄭明娳博士在《西遊記探源》中說：

查猴子助和尚取經的傳說，至少在南宋已很盛行，劉克莊（1187-1265）詩有：「取經煩猴行者，吟詩輪鶴阿師。」（《後村先生大全集》卷四十三）到《取經詩話》，猴子已純粹陪侍三藏往西天取經，而這才是《西遊記》的主體。

　　這三幅壁畫出現以後，研究《西遊記》又增加了可貴的佐證，這三幅畫都早於南宋劉克莊作詩的年代，也早於南宋的《取經詩話》，那麼「猴子助和尚取經」傳說興起的淵源，又有了更具體、更古老的證據。當然，這三幅畫中，都只有唐僧、孫悟空與白馬，還不曾出現豬八戒與沙和尚。

　　孫悟空究竟代表什麼呢？為什麼猿首人身？後人對這種象徵關係

頗多猜測，歸納起來，《西遊記》裡的孫悟空，有四種象徵的說法：

一、以為帶有五行生剋的象徵性。由五十七回詩曰：「土木無功金水絕」中，確定「土」指沙僧，「木」指八戒，「水」指三藏，而「金」則指悟空。又自「心猿」二字推知悟空配「金」配「火」。以五行配十二生肖，則猴屬「金」；以五行配人體五臟，則心配「火」，《西遊記》中時見「申猴」與「心火」字樣，故五聖之中，悟空獨占兩行，本身已具相反相成的威力。（此說劉一明《西遊記原旨讀法》及陳元之《刊西遊記序》、周作人引謝肇淛說均已發端，近年張靜二《論西遊故事中的悟空》一文，更證成此說，見《中外文學》十卷十一期。）

二、以為象徵原我、自我、超我構成的複雜心態。無論唐僧也好，孫悟空也好，豬八戒也好，都是玄奘的化身，人心是很複雜而微妙的，弗洛伊德把心靈區分為三：原我、自我、超我。原我受慾望支配，自我受理性支配，超我受道德和宗教情愫的支配。在《西遊記》中，唐僧代表玄奘超我的一面，孫悟空代表玄奘自我的一面，豬八戒代表玄奘原我的一面。（黃慶萱在《西遊記的象徵世界》一文中主此說，見《幼獅月刊》四十六卷三期。）

三、以為象徵個人內在的心志情慾與本性。以悟空為心，故稱「心猿」，心多變，故悟空有七十二變；心無遠弗屆，故悟空一筋斗可去十萬八千里；心可為善可為惡，故叛逆時天兵天將均遭慘敗，讓玉帝也束手無策。但學道向善後則任何魔障魔難，均能克服，凡此均象徵心的力量無邊。龍馬是意志，故稱「意馬」；沙和尚代表情，在西行取經時表現得最為有情。唐僧代表本性，性本善，但對外界習染的侵害，毫無自保的力量，豬八戒則代表慾念，飲食男女的基本慾念在他身上表現得最率真，西天取經象徵到達理想的境地，人要實現理想，心志本性固然重要，慾望與感情也不可缺一。（高仲華先生說。）

　　四、以為象徵著戒定慧，而五聖一體。三藏代表人的軀殼，三徒是戒定慧，一馬是意念，有求經的意念，再修以戒定慧才能成正果。悟空代表正面的慧，沙僧的誠實篤定代表定，八戒代表反面的戒。五聖實際上只是取經者一人的五個層面，所以「悟能」是要戒除人性本能的嗜欲，「悟淨」才能心定，「悟空」才能領悟真理。悟空又代表軀殼中的心靈，八戒代表感官本能，沙僧一剃髮為僧後，就表現出專注無二、腳踏實地的篤定心意。（鄭明娳在《西遊記探源》中主此說。）

　　前述四說各有不同，但大體上都承認孫悟空是心的象徵，而整部西遊記，只是修心的歷程，靈山一念，百魔俱生，八十一難中的妖精魍魎，無非是七情六慾使方寸大亂的業障。五聖的相互猜忌與失信，往往是災難降臨的前奏，因此，《西遊記》中對玄奘悟空領受《心經》一節，特別提出，所謂《心經》是「修真之總經，作佛之會門」，三藏經常持誦，悟空亦多次隨機啟迪，所以諸家研究《西遊記》時，對《心經》都給予特別的注意。

　　但是最近有的學者卻在《心經》又名《多心經》的名稱上探討，以為「多心經」三字是《西遊記》作者故意的安排，相信這說法的人不少，如吳達芸說：

　　　　唐僧並不真能從佛典本身得到任何啟示與助益，這點或許也正是作者故意把《心經》稱作《多心經》的用意，《心經》全名為《摩訶般若波羅蜜多心經》，摩訶、般若、波羅蜜多，均為梵文之音譯，摩訶，此云大；般若，此云智慧；波羅蜜多，此云到彼岸，亦即所謂離生死此岸渡煩惱中流、達涅槃彼岸之意。可見《摩訶般若波羅蜜多心經》，系探討「所謂廣大智慧，登彼岸無極之法」的佛典（九十八回），在佛經中至為重要，而作者卻故意簡稱《多心經》，表面確實正如黃慶萱先

生指出的，頗為不通，但從嘲弄的角度看來，作者故意讓唐僧朝夕誦讀「多心」之經，或許意味著唐僧的心智，雖經《般若心經》的洗禮，卻仍混沌不清、駁雜不純。第七十九回悟空變成唐僧，於比丘國君面前剖開胸膛，滾出具有寓意的一大堆「心」來，這些心都是些「紅心、黃心、白心、慳貪心、利名心、嫉妒心、計較心、好勝心、望高心、侮慢心、殺害心、狠毒心、恐怖心、謹慎心、邪妄心、無名隱暗之心、種種不善之心」。這段文字雖有故作詼諧與誇大其詞的傾向，但卻仍可作為唐僧駁雜心靈的象徵性的描述。（《中外文學》十卷十一期）

　　重視《心經》，從孫悟空是心的象徵上去深入探究，吳女士勤於探討是可佩的，但黃慶萱先生只認為《西遊記》中簡稱為《多心經》是不通的，吳女士則進一步認為是作者故意簡稱為《多心經》，有特殊的用意，誠然，心既多變，又易多心，用「多心經」三字有時比「心經」更微妙。但《般若波羅蜜多心經》簡稱為《多心經》，絕不是起於《西遊記》的作者，在敦煌石室中出現的佛經寫卷，如斯坦因編號三九三八號，卷首是《佛說般若波羅蜜多心經》用全名，卷末即簡稱為《佛說多心經》，可見唐代早已有簡稱《多心經》的習慣，猜測「多心經」三字《西遊記》作者故弄狡獪是不能成立的。

　　孫悟空的問題，探討起來實在有趣，卻沒有想到遠在沙漠石壁的榆林敦煌，偶存的文字與圖畫，居然對後代小說的研究，也會有如此大的功能呢！

（1984 年 12 月 13 日《臺灣副刊》）

▲ 西夏時畫在榆林窟壁畫裡的孫行者，是今存最早的西遊記資料

▲ 敦煌卷子中已經將《佛說般若波羅蜜多心經》簡稱為《佛說多心經》

沙漠大書坊——敦煌

西元一九○○年五月廿六日，一位名叫王圓籙的道士正在清除敦煌窟洞積沙時，忽然聽到「天炮振響」，密封的石窟壁上裂開了一條縫，漏夜挖開牆壁，這座封閉了八百餘年的沙漠大書坊，終於赫然展現在世人眼前……

一提起敦煌，就給人十分浪漫的想像！只有相傳在仙鄉的「瑯嬛福地」裡，藏著許多漢代以前的奇書，教人歆羨不已。而在現世的人間，竟然在沙漠戈壁的遠方邊陲，真的發現了一個大書坊，奇書佚本，一齊呈現，那就是震驚世界學術界的敦煌莫高窟。

也許你會說那該是一個大畫廊吧？的確，敦煌的壁畫和塑像，如用直線平面來展覽，高度像一般平房五米的話，長度綿延可達二十五公里！別說走馬看花，就是開汽車欣賞也要費上一小時。也許你又會說那該是一個大書庫吧？的確，敦煌石窟所藏唐人所抄的卷子，數逾兩萬卷，照相成縮影微卷，也將近有二十萬張照片，在古代來說，真

是大書庫呀，但為什麼說是大書坊呢？

書坊是含有賣書意味的，不錯，唐代人賣書就是賣手抄的卷子，尤其是佛經，誰家裡若有親人死了，就得花錢請和尚抄錄一卷經書，藉以超升先人地下之靈，所謂「縱向墳中澆瀝酒，不如抄寫一行經」。家中若有人病了，請和尚寫一張「除患文」，有人許願，也請和尚抄一張「祈願文」，所以來窟洞「買書」的人很多；負責抄寫的，往往是高僧兼書法高手，抄寫成的經卷，價錢不輕，而書法精美，成為今天價值連城的寶物了。

抄經也有用預約方式的，當時曾有人在預約寫經以後，不肯出錢就賴賬，試看北京藏卷第八三七四號（宿九十九號）《達磨論》的卷末，題著一首好笑的詩：

寫書今日了，因何不送錢？
誰家無賴漢，回面不相看！

和尚用心抄好了這卷《達磨論》，左等右等，不見預約的人拿錢來清賬，那人反而心虛地回面假裝沒看見，和尚又不便討賬，只好自認晦氣，在卷末寫下這二十個字消消悶氣。

追溯這個沙漠大書坊的起源，據當地石碑上的記載，是一位名叫樂僔的高僧，經過敦煌的三危山下，三危山的岩石是黯紅色的，經由夕陽的反射，使鳴沙山的飛沙呈現一片金光閃爍，高僧遙遙作禮，金光中忽然現出千佛之狀，於是樂僔就留下來，在鳴沙山架空鑿岩，造成一窟佛龕，那時是西元三六六年。後來法良禪師等繼續營建，到唐代初期，莫高窟已有一千多個佛像窟洞，每逢臘八廟會，小窟中點兩盞燈，大窟中點七盞燈，千窟熒熒，萬頭攢動，真是沙漠的一大奇觀。

　　有了洞窟與高僧，就開始聚集佛經，洞窟中也住過道士，所以道經也不少，加上當地做官的、經商的，軍隊幕府中文士也很多，帶來了儒家以及方術之士的各種書籍，有針灸的古本，有民間的驗方，有解夢的書，有望氣的圖，至於牧馬的名冊、借麥的契據、放良的文書、離婚的證書等等，各種社會活動的資料，都保存在裡面，當然，一本正經的《詩經》、《孝經》，更是寫得字跡端正，一筆不苟。據應劭的解釋，敦是「大」的意思，煌是「盛」的意思，果然不出預料，這個敦煌大書坊，使塞外的文化活動盛極一時！

　　然而，敦煌洞窟中的僧徒，雖屬方外之人，仍免不了世間戰亂的踐踏。大概在北宋景祐二年（西元 1035）党項族的西夏軍進襲敦煌，你可以想像，那時候一批珍惜文物的和尚，在驚惶之中，把二萬多張經卷、四五百張絹畫佛像、契約文書等等，一齊藏進一間密室中，經卷用十卷一筒裝好，幡畫則平鋪在地面，然後將密室封以牆壁，塗抹整齊，這個大書坊一時休市，被暗置在石窟裡，竟達八百多年。珍藏這批文物的和尚，可能被西夏人殺光，也可能各自遠走他鄉，竟沒有留下任何有關這文化寶藏的痕跡。

　　直到清代末年，西元一九〇〇年五月廿六日，一位名叫王圓籙的道士正在清除窟洞積沙的時候，忽然聽到「天炮振響」，密封的石窟牆壁上裂開了一條縫，王道士等順手拿起水煙筒去敲敲牆壁，牆壁裡面好像是空的，又將抽水煙用的薊薊草插進壁縫，草莖直落到牆壁那一邊去了，於是漏夜挖開牆壁，發現一扇緊閉的神祕小門，打開小門，裡面是一間黝黑的石室，高約一六〇釐米，寬約二七〇釐米，這個封閉已久的大書坊，終於赫然展現在世人的眼前，來迎接文明的二十世紀了。

　　沙漠大書坊裡相當突出的發現之一，就是尋獲唐代講唱文學的確

切資料。以前大家讀唐人的《高力士傳》，說唐玄宗成了太上皇以後，每天除了監督掃除庭院外，就用「講經、論議、轉變、說話」四種活動來消磨時間，傳中說這四種活動，雖「不近文律」，卻頗能「悅聖情」。大家一直不太明白這四種活動的實際內容，直到敦煌出現了講經文、變文、話本等一百八十七張寫卷，理出七十八篇作品，才使「講經、轉變、說話」等三件事有了清楚的輪廓，原來所謂講經等好像很嚴肅的活動，實際上是通俗化、趣味化的說唱表演，即使其中枯燥的「論議」一項，可能也只是一種機智、幽默的娛樂活動而已。試看敦煌新出現的一本笑話書《啟顏錄》中，記載了與高僧「論議」的趣事：

齊高祖時曾請一位大德僧在高座上演說，那天是四月八日。
演說中間來了一位石先生，他問高僧道：
「今日何日？」
「是佛生日。」高僧答。
「噢，是佛生的日，那麼『日』是『佛』的兒子囉？」
「今日生佛。」高僧立即改換一種說法。
「噢，今日生了佛，那麼『佛』是『日』的兒子囉！」眾人大笑。

　　看來唐明皇的晚年，就靠這些滑稽逗樂的說說唱唱打發時間；而遠在沙漠邊緣牧羊墾荒的居民，每逢廟會佳日，遍窟燃燈、轉經誦讀，熱鬧非常，這個敦煌大書坊裡的說唱資料，成為居民一年中最歡愉的慰藉了。況且這些資料，對後代長篇的詩歌以及彈詞、話本、演義小說、諸宮調、詞話等都有極大的影響，而原本在中國文學演進史上的一大段空白，也由這些資料的出現而獲得填實了。

　　沙漠大書坊裡還出現許多詩詞作品，其中有的是名人文士所作，

也有不少民間俚俗的篇章和警世的佛曲。在北京藏卷八六一號卷子上，隨便塗抹的一首詩：

> 高山高高高入雲　真僧真真真是人
> 青水青青青見底　長安長長長謂君

　　這詩既不署作者名字，也沒有題目，大概那位小和尚在誦經無聊之際，故意用許多重出的字造成趣味，創作了這首風味奇特的小詩，這樣的小詩不曾被《全唐詩》錄進去的，大約還有一千二百首左右。

　　此外，韋莊的名作《秦婦吟》、王梵志的詩集，都是久已失傳的作品；還有王昌齡、孟浩然、高適的詩，都有宋元以來詩集中未載的作品；比較幸運的是李白和白居易，敦煌所存他倆的作品，目前詩集裡全部保存著，這大概和他們享有盛名並受普遍崇拜有關，邊塞也有他們詩集的抄本，可見流傳之廣。但是作品雖在，經後人改動處還是不少，譬如敦煌所見李白的一首《千里思》詩：

> 李陵沒胡沙，蘇武還漢家。
> 相思天上山，愁見雪如花。

　　這四句詩描寫李陵與蘇武互望著天上的雲山遐想，大雪如花，惦唸著山那邊的人寒冷如何？千里相思，相思千里，意味已經圓足。但是宋代以後的李白詩集裡，這首詩早變成了八句，四句之後還有「一去隔絕國，思歸但長嗟，鴻雁向西北，因書報天涯」二十字，詩人死了，詩還在滋長，連珍貴的宋刻本《李太白文集》中早已是八句了，但八句詩最明顯的錯誤是朔雪亂飛的季節，鴻雁為什麼還會向西北

飛，而不向東南飛呢？李白的想像會那樣荒謬嗎？然而如果我們不讀敦煌的抄本，還不容易察覺宋刻本中有偽造的詩句。

當然，這個大書坊由於主持人是和尚或道士，其中佛經、道經的收藏自然特別豐富、特別珍貴，尤其是久已失傳的部分令人驚異。李證剛氏曾輯集未收入《大藏經》的佛經書目有一百多種，日人在《大正藏》第八十五冊中也收集了一百八十八種，事實上還不止此數，像《淨度三昧經》、《佛說七階禮佛名經》、《大比丘尼羯磨》或菩提流支譯的《金剛經》等，還有百數十種，正一一被標名發現。譬如前面提及的《達磨論》，北京最近新編的《敦煌遺書目錄》中，仍不認識那是一卷什麼書，隨便替它標了個「禪宗安心義」的名稱，我是從英國斯氏藏二〇五四號《楞伽師資記》的寫卷中，引用了一段《達磨論》，指明這段話是達摩禪師所親說，叫做《達磨論》，經過細心的比對，才把它的真名稱發現，使禪宗始祖的真義得以重現於世上。

道經部分也是如此，其中許多寫卷還無法考明原有的書名，即使考出了書名，像《金真玉光八景飛經》、《大洞真經》、《紫文行事決》等等不下數十種，也都是前代人聞所未聞的佚書；近年來這些道教方面的研究，已成為國際漢學界最熱門的研究重點了。再則由於這個沙漠的大書坊，位於商胡雜處的「絲路」上，是中原通往西域的「咽喉之地」，負笈步行的，駝鈴叮噹的，已夠熱鬧，況且在漢族之外，還有吐蕃、突厥、西夏、吐魯番等族的人，都統治過敦煌這個地區，所以這裡也留下不少梵文、吐蕃文、回鶻文、于闐文、粟特文的資料，使這個一千年前的古書坊中，保存著蟹行文字的書卷，平添無限華夷雜處的異族情調。

最可惜的，自然是這個大書坊在清末一再遭到盜劫，目前大量國寶級的名畫珍本，分藏在法國巴黎的國家圖書館、紀梅博物館；英國

倫敦的不列顛博物館，以及蘇聯列寧格勒的亞洲民族研究所，日本大谷大學及書道博物館，美國、東德、丹麥也有少量的收藏；而劫後的餘卷，則分藏北京與臺北。吾人今日所亟須做的，就是將分散各地的敦煌資料，攝影留真，彙編在一起，標明書名，編成索引，展開有計劃的研究，同時，還有半數的敦煌洞窟，還掩埋在積沙中，何時去一一洗滌復原，讓這個大書坊的藝文光輝，在沙漠中益發燦爛輝煌。

（原載《聯合報》副刊）

敦煌的文學與藝術

　　在甘肅沙漠邊緣的敦煌石窟內，留存著許多佛教的藝術品，自從西元一九〇〇年農曆五月二十六日（一說四月廿八日）在第十七號窟的夾壁甬道內，發現一間小室，內藏幡幢五六百幀，以及唐代前後寫卷數萬張，除佛經、道經外，尚有不少變文、詩賦之類的文學作品，我們談敦煌的文學與藝術，是包括了石窟的藝術與出土的寫卷而言的。

　　敦煌寫卷出土後，大部分為外國人所劫走，目前這些寫卷的存放情形大致如下：

　　英國不列顛博物館藏斯坦因所得漢文資料七五九九號，碎片一九七號，非漢文文獻，攝成微卷照片約二萬張。

　　法國巴黎國家圖書館藏伯希和所得漢文卷子六〇三八號，另西域文文獻攝成微卷照片約二萬五千張。

　　北京圖書館所藏漢文卷子八七三八號，另敦煌文物研究所保存新發現卷子不少，天津市博物館藏一九七號（又附三號），上海市博物館

藏三十二號，旅順博物館藏約六百號。

臺北「中央圖書館」一四六號，歷史博物館藏三號。

日本龍谷大學藏七號，大谷大學藏三十八號。

蘇聯列寧格勒亞洲民族研究所藏已編目者二九五四號，另二九五五號至九五八四號均為碎片。

其餘如韓國、東德、丹麥、美國等地亦有零星收藏。各地收藏中，大抵為佛經最多，敦煌寫卷在佛經上貢獻也最大，譬如《大乘入道次第章》中土已久佚，日本續藏雖收，亦不全，但在北京所藏第八四〇三、八四〇四號就很全。

又如《佛說大乘稻稈經》，早佚，而北四六二至四八八號均重現人間，《稻稈經隨聽手鏡記》，更是相宗秘要之典，為入門之精義，在伯三三四二號經我比對檢出。

另如《淨度三昧經》（斯二七五二、北八六五二等）、《達摩論》（斯七一五七、斯三三七五等）、《菩提流支譯金剛經》（北四四二七至北四四三四共七張）、《八波羅夷經》（北七一六〇、斯三〇三九、斯二六三六號等）、《天請問經疏》（北四四七四背面、伯二一三五號等），以及密宗經典《無量壽宗要陀羅尼經》（北七六九〇號等）、《諸星母陀羅尼經》（北七五三二號等）、《金有陀羅尼經》（北七五六二號等）均為佛教失傳的經典。

道家中如無上秘要，《太玄真一本際經》、《太上一乘海空經》等也是失傳的經典，千年後忽然出現人間，當然使學術界為之震撼。

在文學方面，所謂敦煌文學，有世俗文學與寺廟文學的兼容並蓄，有雅麗文學與口語文學的混合共存；有中原文學與邊疆文學的作品互錄，周紹良氏曾將敦煌文學總分為表疏、書啟、狀、帖牒、書

儀、契約、傳記、題跋、論說、文錄、頌箋、碑銘、祭文、賦、詩、偈贊、邈真贊、歌謠、曲子詞、佛曲、兒郎偉、民間曲詞、變文、講經文、緣起、押座文、小說、話本、詩話、詞文等三十種，其中詩賦變文及曲子詞小說話本等，更是談文學史者所津津樂道的新材料。

　　敦煌的俗賦，如《燕子賦》兩篇，一篇四言為主，一篇五言為主，唐詩民間流傳燕雀爭巢，由鳳凰判決的故事，以擬人的手法反映出一些當時的社會問題。又如韓朋賦，是根據韓憑夫妻的堅貞相愛故事演化而成，言語、情節都很動人。

　　敦煌的詩歌，有李白、王昌齡、白居易等名家的詩文，又有不少落蕃人的隨興之作。李白的詩，如《蜀道難》中「上有橫河斷海之浮雲」，今已改成「上有六龍回日之高標」，高標難解，六龍回日的典故也不像李白的風格。

　　《將進酒》中「床頭明鏡悲白髮」，「床頭」今本作「高堂」，其實唐人床在客廳，床頭置銅鏡，是生活實相，李白有《贈別舍人弟台卿之江南》詩：「梧桐落金井，一葉飛銀床，覺罷攬朝鏡，鬢毛颯已霜」，可見梧桐葉落的床頭，正有鏡子。

　　王昌齡的《題淨眼師房》詩一首，在今存的詩集裡不收，描寫一位出家的比丘尼，「傾人城，化人國，嶄新剃頭青且黑」，連落髮後的頭皮青黑也具性感，「朱唇皓齒能誦經，吳音喚字更分明」，連唸經的口頰及吳地軟語，都寫得嬌嬌滴滴，這樣形容一位出家人，當然失諸輕薄。這就有助於認識王昌齡的為人態度。有關敦煌的唐詩，我已另有專著，交洪範書店及文史哲出版社印行。

　　至於敦煌的曲子詞，在當時是一種新的文體，也是詞史上重要的發現，它是鮮活的民間文學，如《拋球樂》寫少女失戀的悲痛：

　　珠淚紛紛濕綺羅，少年公子負恩多，當初姐姐分明道，莫把真心過與他，仔細思量著，淡薄知聞解好麼？

　　這些曲子，經過諸家的整理校釋，愈錄愈多，最近我在斯七一一號卷子上，又新發現新的曲子，如《別仙子》：

　　曾來不信，人說道，相思苦。如今現，嗔交我，勞情與！攢眉立，欹枕臥！日夜懸腸哭泣，隨玉柱。直代寄門朱戶！憶君直得，如痴如醉，容言語？胸裙上，紅羅帶上淚痕污，果然得，重相見，於舊還同一處。歸羅帳，特地再論心蘇。

　　敦煌的曲子詞，有濃厚的樸拙意味，極為可喜。至於敦煌的變文，是唐代民間說唱文學的主流，所謂變，是指一段故事記載，變為說唱體裁的文學作品，變文中有以佛教為主的，如《降魔變文》、《目連救母變文》等等；有以中國史書、傳說為主的，如《伍子胥變文》、《王昭君變文》、《孟姜女變文》、《張義潮變文》、《漢將王陵變文》、《舜子至孝變文》等等。

　　變文的出現，非但豐富了說唱文學的資料，也回答了文學上，下開宋元話本、諸宮調、寶卷、彈詞等歷史淵源的關係。

　　變文中還存著許多唐代人的口語，對變文字義的研究，附帶地也改正了許多唐宋人詩詞、小說中字義的錯誤注釋。

　　此外敦煌的話本小說，如《廬山遠公話》、《葉淨能話》、《韓擒虎話本》、《唐太宗入冥記》、《秋胡小說》等，比唐傳奇的人物更生動，情節更曲折，話本原來不始於宋代，這也是中國長篇小說發展的濫觴。

　　就敦煌的藝術而言，研究的體系，約分五項，即：一、窟型；

二、壁畫；三、彩塑；四、幡幢；五、書法。大體上，這五者均因時代的早晚而有歷史性的變化。

一、窟型

研究洞窟的形式，以斷定洞窟開建的時代早晚。洞窟自樂僔、法良始建以來，至武后時約四百年，當時李懷讓在重修莫高窟佛龕碑時已稱「計窟室一千餘龕」，但至今日，流沙闕塞石窟不少，目前正式理出的洞窟計四百九十二個。

莫高窟全長一六一八米，約三市里，目前石窟集中於南段一千米崖面中，北段為小型窟，多已湮廢，存壁畫者五六窟而已，多為元代所開鑿。

石窟開鑿始於西元三六六年（前秦建元二年，姜亮夫《莫高窟年表》以為當上推至晉惠帝永熙元年，西元 290 年始建窟寺）至西元一三六八年（元朝至正二十八年），約為一千年，以西域政權的遞代，史葦湘將此一千年中，各期的年代及其特色，略述如下：

• 十六國時期（西元 366-439）早期的石窟形式已不易尋覓，但在第二六七至二七一五個連帶的洞窟壁畫底層，發現表面是隋代重繪的千佛，而底層是北涼後期的鎮禪力士，因此，窟型的研究常須配合壁

畫。

　　‧北魏時期，窟型以有人字披頂的前室和中心塔柱的「塔廟」窟為主，中心柱直通窟頂，在方形的柱的四面鑿淺的佛龕，各置佛像。柱頂與人字披之間有平綦方格的圖案。

　　西魏時期所開窟，主室作正方形，或沒有中心柱，窟頂為四面披頂，形如覆斗，中心作一斗四藻井，四壁鑿佛龕排整齊佛像，將內地深受南朝文化影響的佛教藝術移植西來。

　　‧北周的洞窟形制，與彩塑風格延續至隋初，塑像衣褶用階梯式。

　　‧隋窟大抵和魏窟相似，中心方柱有了三面鑿龕，一面無龕的新形式，三面龕與前部三鋪大像結合在一起。龕較深，且多為雙層龕沿，龕頂前高後低，方柱前人字披畫出椽子。另一種方形窟，無中心柱，窟形多西壁開龕，或西、南、北三壁開龕的覆斗頂方形窟，或人字披頂方形窟，皆為唐代盛行的樣式。

　　‧初唐一仍隋風，武后時開鑿極多，盛唐後窟室大都作正方形，有前後室，四方柱式的窟已看不見，僅後壁鑿一龕，塑像置於後室的佛龕，佛龕加深加大，內或平頂或作淺斗形。窟室往往配有左右耳洞。

　　‧中唐吐蕃時代，窟形、龕形和壁畫內容均有顯著變化，製作十分考究，覆斗窟頂，方整的四壁、盝頂帳形龕以及佛床、壺門均嚴整精巧。

　　‧晚唐張義潮及李、索二姓與三個僧統均開鑿大窟。

　　‧五代曹議金祖孫時期，加深甬道，將舊室向內部擴展，加修窟簷，縮小甬道門，鑿出一大方形室，室中偏後方設一大佛壇，四角有四天王像。

　　‧宋代曹元忠父子時期石窟藝術仍一脈相承，以中原藝術為主導，西夏時期則多改建而少新鑿。元代改為喇嘛教，造窟近乎停止。

或在窟中心置佛壇，作圓形梯階式，四周飾有壼門、彩繪是元代的特色。（參見《敦煌莫高窟內容總錄》）

二、壁畫

敦煌壁畫共有四萬五千平方米，壁畫的研究，有注意畫風、技法的，有注意壁畫題材與時代之關係的，也有詳細考查佛經故事的。

佛經故事分經變、佛傳、本生故事、因緣故事四類，附帶有供養人像、藻井及邊飾圖案等等。壁畫的研究，簡要敘述如下：

‧北魏與西魏的壁畫內容以說法圖和本生故事為主。經變較少，經文初翻譯，要在匠人心目間形成，□□的圖畫尚須一段時間，本生故事則西域寺壁早已有之，另外為千佛圖案較多。

‧魏代經變，僅有本生變、降魔變、涅槃變大抵釋迦安置中央，人大於山，將山水屋本推至次要地位。供養人畫得較小，在壁的下方，男女分列。

‧魏代的壁畫用深色描繪外緣，漸至中間漸淺，最後以白粉點染，有弧線分層，使人體立體感很強，這是凹凸畫法，又叫暈染法、光染法或天竺畫法。

‧北周壁畫首次出現須闍提品、善友太子入海品等孝悌觀念。

‧隋代壁畫以投身飼虎、須大拿施象等本生故事為主，唯成橫列手卷式之連環畫，多繪於窟頂四周，顏色以青綠白棕為主。

‧隋代的佛傳，繪出從降誕至涅槃一生的歷史，為北魏時期所未見。

‧經變如涅槃變、維摩變出現，說法圖減少，單身菩薩像增多，且出現中國神話中的東王公與西王母像。菩薩都作俗裝，衣飾華麗，

佛教的現實世界化始於隋代。

・隋代壁畫中出現大量圖案，龕楣、窟頂、藻井均有連續圖案。

・唐代佛教淨土宗最為流行，淨土變為壁畫題材的最多，西方阿彌佛陀淨土變的蓮華、寶池達一百多壁，東方藥師淨土變及九橫死十二大願，和彌勒淨土變，各有五十壁以上。

・唐代《法華經》、《妙法蓮華經》盛行，《法華經》二十八品（敦煌有二一九品三十品）皆宜繪畫，共約四十壁，而二十五品普門品，觀音能現三十三化身救十二種大難，所繪極多。觀音雖女相，卻蓄有小髭。

・唐代由於佛經的翻譯與變文的興起，壁畫題材取用不盡，報恩經變約有二十壁，鹿母夫人的蓮花五百子，與惡友品的摩尼寶珠，是當時喜繪的題材，本生故事則不多。

・單身菩薩像在唐代畫得很高大，唐代晚期密宗漸盛，曼荼羅（道場）及四臂八臂的如意輪觀音、千手千眼觀音和千手千缽文殊等出現在壁畫上。小千佛已退為裝飾性圖案。

・吐蕃中唐時期，經變壁畫下方，選畫十二至十四扇屏風，屏風內各品比喻故事與經變法會場面相配合。

・五代壁畫仍以經變為主，至於牢度叉斗聖變，自唐末至五代而大盛。

・五代的供養人像，畫得極大，衣飾圖案頗為精細，瀝粉堆金，與前期大不相同。

・宋代九十八窟，西夏三窟，大部分修改舊窟，修繕時加建木料的窟簷棧道。

・五台山圖始於唐時，宋代壁畫中頗流行。此圖與純粹的山水畫，和清代方志中仍被採用的中國式地圖有關係。

・元代壁畫都是密教曼荼羅，畫的技法多用「蘭葉描」，敷彩簡淡。元代壁畫有時用濕壁上的「水彩壁畫」。（參見潘絜茲敦煌莫高窟藝術。）

就壁畫中的題材而言，無論是屠夫宰狗，農夫耕稼，強盜翦徑，或眾女剃髮，其實都是佛經故事的一部分，即使如第249窟窟頂南披東端，幾筆白描的狼與羊，也是《法苑珠林》所引《僧祇律》的「狼守齋」的故事。

壁畫中除淨土變為理想世界外，其他大都有動人情節的故事，常見的如：

經變故事：

《法化經變》 觀世音救苦救難 45窟、55窟南壁等 敦煌寶藏美74、72、398、1112、1195號等。

《維摩經變》 文殊問疾 220窟東壁、103窟東壁等 敦煌寶藏美384、955、970、1182、1435、1935號等。

《金光明經變》 長者子流水救魚 55窟 敦煌寶藏美1193、1194號等。

《觀無量壽經變》 阿闍世拔劍殺母韋提希（又名未生怨）217、172窟等 敦煌寶藏美412、1834、1284號等。

佛傳：

《佛本行集經》 降魔254、260、263、428窟等 敦煌莫高窟一冊33、35、61、51、163圖等。

《佛本行集經》 夜半逾城、乘象入胎 329、375窟等 敦煌寶藏美12、557、567、906、1436號等。

　　《佛本行集經》　宮中歡樂及四門出遊　61窟等　敦煌寶藏美1172、1173號等。

　　《方廣大莊嚴經》　太子觀耕　61窟等　敦煌寶藏美1174等。

　　《佛說八大靈塔名號經》　八大靈塔變　76窟等　敦煌寶藏美1210、1211、1212、1213號等。

本生故事

　　《大方便佛報恩經》　金毛獅王堅誓本生　85窟南壁等　敦煌寶藏美1394號左上角等。

　　《菩薩本生鬘論》　屍毗王救鴿命　254窟北壁、85窟窟頂東面等　敦煌寶藏美241、925、1000、1400號等。

　　《佛說菩薩投身飴餓虎起塔因緣經》　薩埵那投身飼虎254窟南壁等　敦煌寶藏美5、348、372至375、924、1396號等。

　　《佛說九色鹿經》　九色鹿　257窟西壁　敦煌寶藏美343號等。

　　《太子須大拏經》　太子須大拏佈施一切　428窟東壁等　敦煌寶

藏美 365 至 370、943 號等。

《賢愚經》　須闍提割肉供養父母　296 窟北壁、61、138、98 窟等敦煌莫高窟一冊 194 圖等。

《佛說睒子經》　睒子奉親復活　299 窟北頂　敦煌寶藏美274 號等。

《大方便佛報恩經》　善友太子入海取摩尼寶珠　85 窟南壁148 窟甬道頂南側等　敦煌寶藏美 334、428、1007、1055、1089、1115 號等。

《佛說月光菩薩經》　賢愚經月光王頭施緣品　月光王本生 275 窟北壁　敦煌寶藏美 1000 號右下角等。

《賢愚經》　毗楞羯梨王本生　275 北壁　敦煌寶藏美 1000 號左下角等。

因緣故事

《大方便佛報恩經》　鹿母生蓮花五百子　85 窟南壁 231 窟等　敦煌寶藏美 37、1394 號等。

《賢愚經》　快目王施眼　275 窟北壁　敦煌寶藏美 362、1029 號等。

《賢愚經》　沙彌守戒自殺　285 窟南壁上沿 257 窟南壁敦煌莫高窟一冊。

《須摩提女經》　須摩提女請佛　257 窟西壁　敦煌寶藏美239 號。

《大般涅槃經》　化五百盲賊故事　285 窟南壁 296 窟南壁　敦煌寶藏美 354、892、1001 號等。

《雜寶藏經》　波斯匿王醜女緣　98 窟　敦煌寶藏美1124 號。

《賢愚經》　勞度叉斗聖變　146 窟　敦煌寶藏美 1426、1427、1154-1158 號等。

除了這四類壁畫外，尚有西域記、石佛浮江、五台山等等佛教事蹟圖，然而從事藝術研究工作者，可以從壁畫中作藝術專題的研究，如鄭汝中寫《敦煌壁畫的樂器》，就敦煌繪有樂器的飛天或人物，計二百窟，演奏者有三千三百四十六人，分類判別其所用樂器計四十四種，對於音樂史料的研究甚有裨益。

又如吳曼英在《敦煌舞姿》中，專臨摹伎樂舞蹈的形象計一二三幅，經變伎樂裡，保存了兩百舞蹈形象，劉恩伯更從壁畫中的伎樂舞姿，說明在蓮花上起舞的「柘枝舞」，在小地毯上作舞的「舞筵」。至於「胡旋舞」、「彈指」與唐人詩中所寫舞蹈的情景，都可與壁畫舞者相印證。

至於突厥、回鶻、于闐及唐宋人的服飾衣著，都可從供養者的畫像中尋出；西域的動物、植物，如孔雀、海石榴等，也可以從圖案中尋出。可見壁畫的研究是多方面的。

三、彩塑

敦煌的塑像合計有二千四百十五軀，其中經後代修補的有七百二十座，殘破的約七十座。另外，塑在牆壁上的「塑壁法」影塑佛像還沒計算在內。

塑像原與壁畫並重，且相得益彰，但塑像的破壞也較壁畫容易，現存古代塑像原型的洞窟僅有一百一十個。

塑像的研究，自然以造型、年代、衣褶、配列方式等為主，茲簡列數點如下：

‧魏塑尚存三百十八軀，佛菩薩都以一佛兩菩薩配列，其體格都

較高大，帶有印度人的長相，額部寬廣，鼻梁高隆通於額際，髮髻作波狀或螺旋狀，佛著長袍，菩薩袒露上身，軀體挺直，而有「秀骨清像」的風神。衣褶線條勁健有力，帶子或衣角都作階梯式，不柔和。這種造型和中國漢俑頭大身小的傳統方式，已矯正了比例上的缺點。

・隋代塑像尚存一百四十軀，連殘缺或修補的，共有三百五十軀，配列方式除一佛二菩薩外，又出現阿難和迦葉，為五尊像。面相趨於豐滿，鼻梁降低，耳垂加大，扁平臉較為慈祥。佛相已中國化，衣著均甚富麗，塑像衣褶改變了梯階式的做法，而變為貼體流暢的衣紋。肢體比例是頭大、上身長，下肢短，則自下視之，使人能親近佛身而無高遠威嚴的感覺。

・唐代塑像遺存六百七十軀，其中半數保存完好，唐塑較為世俗化，其造像接近真實而鮮明，衣的襞褶流利如絲綢的質感，薄貼身上，精確地透露出內部豐潤的肉體，合於人體解剖學。佛像大多盤膝端坐，手勢作說法、思維或召喚的姿勢。菩薩是袒胸露臂的女性，但美得不可褻瀆。塑像的配列是佛在奧壁的中心，佛的左右是脅侍的大弟子阿難與迦葉，再向前凸出的是菩薩，菩薩之前有天王與力士，首見擁法神的威猛，次見菩薩的親和，最後親接佛身，故往往一龕有七尊。此外唐塑的大佛不少，九十六窟的坐像高達三十三公尺[1]，外加九層樓罩住。一五八窟臥佛也大，巨像均顯示社會經濟的力量。

・五代塑像只存二十四軀，保存原型的僅七軀，不復生氣勃勃，缺乏內在的精神與活力。宋與西夏的塑像遺存七十四軀，其中二十八軀尚存原型，軀體相貌日趨臃腫拙笨，缺乏生氣，刻意模仿唐塑，而內在精神空虛，反映當時敦煌經濟地位下降，日益衰頹，故趕不上中原宋塑的寫實風格。

1　編者注：1公尺=1米。

‧元代的塑像只剩九軀，有人懷疑是清代改塑，與元代壁畫佛像不一致，塑工亦拙劣。（參見潘絜茲《敦煌莫高窟藝術》。）

四、幡幢

幡幢是舉行佛事或法會時，懸掛於壁上帳前的宗教飾物，對信徒而言，有奉納供養的意義。質料分絹帛、紙片、麻布；繪畫方式有刺繡、白描、彩繪、織染等不同方式。

敦煌幡幢於十七窟藏經洞中發現時，平鋪地面有四五百幅，當時王圓籙道士化緣時已有唐繪彩幡流出，遂引來斯坦因、伯希和的盜寶，斯坦因所獲初藏印度博物館，現幡幢大都攜歸倫敦大英博物館，伯希和所獲現藏法國巴黎吉美博物館。

英國所藏幡幢約二百七十八幅，早先有魏蕾所著《斯坦因爵士從敦煌獲得之圖畫目錄》一書，略附圖版。但敦煌寶藏第三十五冊至五十四冊中，自美四四七號至美七二五號，已將倫敦所藏幡幢全部輯入。其後日人編《西域美術》三冊，將幡幢原色精印，備極精美，又日本臨川書店亦曾將英倫所藏幡幢印為《敦煌絹畫佛像》，頗類真跡，可供裝飾或供養之用。

法國所藏敦煌幡幢二百三十幅，已由吉美博物館提交由韓百詩教授指導，萬笛耳等共同編成《巴黎吉美博物館敦煌幡幢及其圖畫之研究》，圖版專冊印於西元一九七六年，另研究專冊二本印於西元一九七四年，將圖版作綜合、分類、比較之研究。現敦煌寶藏第二冊至十三冊中，自美十一號至美二三八已將巴黎所藏幡幢輯入。

另印度國家博物館所藏部分幡幢，亦已盡量收入敦煌寶藏第五十五冊在美七二六號至八六三號之間，日人上原芳太郎印《新西域記》中亦有部分縮印圖版。德國東柏林亦藏有部分幡幢。

　　近在一九六五年，敦煌文物研究所於莫高窟加固工程時，於第一
二五、一二六窟前清理發掘，發現北魏刺繡品殘塊，又於一三〇、一
二二、一二三窟內發現盛唐絲織物共六十餘件，如聯珠對禽紋絹幡、
女阿陰發願文幡、土黃地蠟纈絹、湖藍地蠟絹縹等，並見文物總一八
九號。

　　五、書法

　　敦煌所發現的藏經寫卷，半數以上書法精美，當時的「寫經生」、
「寫經人」、「學士郎」等，大都有特殊的書法成就。況且書法家張芝與
索靖，皆是籍隸敦煌古郡的，敦煌且有張芝墨池的名勝，而隨軍行駐
敦煌的幕府人員中，也有不少帶來抄寫絕妙的經史韻書等，因此，敦
煌石窟中保存著西元三世紀至十世紀許多書法家的真跡。

　　由於寫經需齋戒、沐浴，而每經寫經索酬不低，因此敦煌的道經
與佛經部分，大抵是精心的作品，其中書法面目甚多，如：

　　草書，如伯二一七六號的《妙法蓮華經玄贊》卷第六、伯二二五
八號的《百法論疏抄》上卷，均極瀟灑。又斯二六六二號的《法華經
疏》也。

　　楷書，如伯二二五七號的《大上大道玉清經》卷第二，是天寶十
二載五月「白鶴觀奉為皇帝敬寫」的，伯二三八五號《靈真戒拔除生

死濟苦經》，可說字字珠璣。此外如伯二三七八號、伯三一八〇號、伯八二三九號、伯八七〇六號亦甚可觀，至於伯五〇四三號存古文一篇四十六行，得歐字的精神。至於如《切韻》的殘卷，更傳是吳彩鸞的真跡，屬龍鱗楷。

漢隸體，如伯二二六〇號的《摩訶般若波羅蜜經功德品》第三，及伯二三八一的《法句經》，筆法古拙，甚具趣味。北八七二三號的《道行般若經》卷六、七臥蠶式，為漢簡遺風，尤為古雅絕塵。北八七一二號的《戒緣》下卷及斯六五五九號《阿毗曇心》卷下，實皆奇拙。斯六七〇五號的《大般涅槃經》卷三十二，隸意最濃，風味獨具。

魏碑體，如北七二七〇號的《大智度論》卷十四，在八分與魏碑之間，略存隸意，書法極妙。而斯二六六〇號的《勝鬘義記》一卷，有李北海韻味，放大細看均具北碑體意。

敦煌書法，除寫卷為龐大的書法寶庫外，其他的碑記拓本，如：

歐陽詢書，李百藥製文的《化度寺故僧邕禪師舍利塔銘》，為唐拓本。

唐太宗的《溫湯銘》，亦為唐拓本。

柳公權的《金剛般若波羅蜜經》。

還有一些修飾佛龕的功德碑記，都是有益於書法史的材料，日本二玄社曾印一套由饒宗頤主編的《敦煌書法叢刊》共二十九冊。因所輯偏重文史資料的價值，故未能完全站在純然書法鑑賞的觀點，選出所有優美的書法家。

千金一字敦煌詩[1]

　　主：今天非常高興請到黃永武教授來為我們演講「千金一字敦煌詩」，這個題目非常有意義，很能切合整個敦煌寶藏所表達的內涵。

1　編者注：收入本書時，對本文略有刪減。

▲ 位於沙漠中的莫高窟全景

　　黃教授曾經主編《敦煌寶藏》這套書，共有百餘巨冊，網羅了很多的敦煌寶藏和學術資料，黃教授說《敦煌寶藏》有非常多的東西可以介紹，現在我們就以熱烈的掌聲歡迎黃教授。

　　黃：謝謝各位給我這個機會，今天的演講偏重在詩歌方面，因為還有好幾場演講，而今天是第一場，所以我就先把《敦煌寶藏》做一個簡單的介紹。

　　我們先介紹一下敦煌石洞的歷史，敦煌位於甘肅省敦煌縣，敦煌縣的面積四萬一千平方公尺，比臺灣還大，是中國和西域交通往返的孔道。在唐朝，中國和西域商業上的往來要經過敦煌，戰爭時，軍隊往來也要經過敦煌，不論是做買賣或打仗的，經過敦煌時，大概都會禮佛。

　　在西元三六六年時，有一個和尚經過時，突然回頭一看，一座山上金光萬丈，出現好多尊佛，他就趕緊合十敬禮，於是就不走了，在那座山上挖個洞建了個佛壇。

　　到了唐朝，到那兒挖洞禮佛的人愈來愈多，竟有一千多個洞穴。

　　因為很多都被沙埋沒了。現存僅有四百多個，開放供人參觀的很

▲ 第三七五窟　初唐「夜半逾城」悉達多太子夜半乘馬逾城到深山修道的情景

▲ 第四十五窟　普門品中的胡商遇盜經變圖盛唐

少，因為怕人一多，佛像、壁畫易損毀。過去不論是打仗或做買賣，經過這裡就會許願，求佛菩薩保佑平安，回來就好好地修壇。所以壁上佛像愈來愈多，而且還重複畫上去，因為有些時間一久，顏色褪了，後來許願的人就再重新補上去。

壁上所畫的大都是佛經裡的故事，分成四部分：

一、是佛傳，如釋迦牟尼佛從四城門出去，看到生老病死，而起求道之心等等，有關佛生平的故事。所以敦煌壁畫有些人沒有看懂，以為畫了很多民生日用的故事，如有人種田、殺豬等，其實所有的畫大概跟佛經都有關係。譬如有一個壁畫上畫了一匹狼在洞內和一群羊在洞外，看起來沒什麼，後來經我們研究知道這是《大智度論》裡的故事，說明我們修佛的人表面上看起來在修佛，其實是一匹狼，我們看到外面有羊的時候，還是會想要吃那些羊，還會向佛說再讓我吃一次羊吧！吃完了一定好好修，於是就追著羊，等到快追到時，那隻羊突然變成一條狗反過來咬，嚇得趕快跑，「不敢吃了，阿彌陀佛」。再回頭看看，又變成羊了，又想吃，「就這麼一次，下次不吃了」，又去追羊，快追到時又變成狗了，不斷反覆，這是一個《大智度論》裡的故事，也給了我們修佛的人一個暗示，有些壞事，我們常想這次做一做，下次不做了，其實修行就要從現在起。所以像這個很平常的圖畫，其實都是佛經裡的故事。

二、是佛本生的故事，也就是佛前世的故事。如金毛獅王的故事，把肉割給老鷹吃而救了鴿子的故事，這些故事畫得很多。

三、是經變，也就是將佛經變化為藝術的表現，將經文用圖畫的方式呈現出來，如《妙法蓮華經》中第二十五品普門品描述觀世音菩薩尋聲救苦，不論是遇到強盜，或是火災、水災，觀世音菩薩就會來解救，經變就是把這些情況實際畫出來。

還有一種叫變文，就是將原本的文字用說唱的方式表現。

在敦煌石窟裡，普門品被畫得特別多，因為觀世音菩薩和這娑婆世界特別有緣，更奇怪的，《妙法蓮華經》一共只有二十八品，但石窟裡的壁畫卻有第二十九、三十品，真假就有待專家去鑑定了。但由此可知，洞穴裡的東西還真不少。

經變中西方極樂世界最常被畫，極樂世界的景象，有阿彌陀佛、歌舞、伎樂非常豐富。

四、是因緣的故事，就是佛經裡，釋迦牟尼佛所講的一些故事。石窟裡的壁畫愈內層愈有研究的價值，現代的科技已有辦法把外層剝開而不造成損壞。

從南北朝開始，一直到唐、宋、元朝都有人在這些壁上畫，所以有很多的藝術價值。早期所畫的佛像，衣服的質料，臉上的表情等都比較像印度人，但唐朝所畫的佛像就比較中國化了。

敦煌學可供研究的題材 —— 舞蹈、音樂、壁畫、雕塑、經藏、文學、詩詞……

另外在這些壁畫中還可看到一些舞蹈，因為佛說法時，聽眾歡喜踴躍，便手足舞蹈。不過據統計，這樣的圖畫只有一百二十三幅，在這些圖畫中，不管是身上的彩帶或跳舞的姿勢都畫得非常傳神，每一個舞蹈的姿勢都可看出那時的舞蹈風格，這些舞姿就值得很多舞蹈家去研究。

佛說法時，有很多的天人奏樂，據統計，壁上畫的有三千三百四十六人，每人手上拿的樂器，有的我們認識，有的不認識，根據統計，有四十四種不同的樂器，認識的有二十幾種，其他的十幾種我們

不知道如何演奏，所以音樂也提供了一些研究的價值。

　　另外壁畫用的材料，畫的方法，像山如何表現，樹如何表現，早期的人像較小，後來的人像較大，雕刻的技術等都是值得研究的。我覺得最重要的是敦煌有名的石洞被發現了，這些石洞有很多觀音菩薩的像，有一些道士、僧侶或喇嘛住在這裡，他們多半靠幫當地民眾抄經、誦經得一些錢財以維生。

　　清朝時有一個道士叫王圓籙，他在洞裡一個人抄寫經書忙不過來，就請了一個姓楊的助手幫他抄，這個助手喜歡抽菸絲。中國大陸煙很多，黃煙也有，水煙也有，要抽的時候，捲成像吸管一樣的紙條，點燃就抽，不想抽時搖一搖就熄了，再一吹又著了。在當地有一種草，可以拿來當煙吸，不用像紙條那樣還要捲起來，那草甚是方便。有一天，那助手拿著草，不想吸了，突然看到牆上有一條縫，他就把草放在那兒，打算待會兒再來吸，等他來時，拿不到那草，就一拍，草卻掉進去，他覺得奇怪，難道牆壁後面是空心的嗎？就把王道士找來，那天夜裡，兩人就動手挖，果然挖出一條走道來，他們走進去打開門一看，裡面是無數的經卷和圖畫，但可惜他們不以為寶，後

來被外國拿走了大半,在這其中像唐朝李白等詩人的詩有很多在其中,這和今天的主題有關。

另外在裡面所找到的佛經,有兩百多種是《大藏經》裡所沒有的,如《達摩論》等,道家的經典也找到了兩百多種,儒家的書也有很多,有一些到當地做官的人,死在那裡,書籍也就跟著留下了,所以這些資料都可以提供我們來做研究。

從詩詞的研究鑽進《敦煌寶藏》的編輯

我今天之所以講這個題目，因為我是研究文學的，為什麼我要去編《敦煌寶藏》呢？我是看到李白的詩，李白有一句話：「天生我材必有用」，看到敦煌詩裡是「天生我徒有俊才」。所以研究詩時，思想性就有很大的問題，因為李白的思想不會那麼肯定自我，「天生我材必有用」是儒家的思想，而李白是道家思想的代表，所以我有了這個心去研究《敦煌寶藏》。不過在臺灣研究非常困難，有很多卷子現在在各國的圖書館，而且號碼又重新編過，實在不容易拿到，所以就起了一個念頭，想要把這些資料都蒐集過來。

……

「登黃鶴樓」中，黃鶴與白雲之探究

在整個敦煌寶卷中，唐詩不少，而且是唐朝人手抄的，所以字體、年代錯誤較少，大家手邊有一份資料，我就舉幾個例子來做說明：

> 昔人已乘白雲去，茲地唯餘黃鶴樓，
> 黃鶴一去不復返，白雲千載空悠悠。
> 晴川歷歷漢陽樹，春草青青鸚鵡洲，
> 日暮鄉關何處在，煙花江上使人愁。

像第一首崔顥的《登黃鶴樓》詩「昔人已乘黃鶴去」，可是當你看到唐朝人寫的卻是「昔人已乘白雲去」，到底誰對呢？只要去看一看宋朝的《唐詩記事》這一類書就可發現寫的都是同「昔人已乘白雲去」。

有一個人告訴我中國大陸出了一本書，是宋太祖寫的，裡面剛好

有這一首詩，寫的仍是「白雲」，沒有人寫「黃鶴」，到了元朝，因為元朝人生活苦悶，很多人都嚮往神仙，所以元朝的戲劇都很奇怪。最後都是八仙出場，大家就皆大歡喜，回家睡覺。所以那時的神仙故事特別多，有一個人到黃鶴樓騎著黃鶴飛走了，就有這樣的故事。

但是元朝沒有改這首詩，到了清朝才改「白雲」為「黃鶴」，清朝的金聖歎說改為黃鶴多好啊！這詩裡三個黃鶴一個白雲，不會太刻板，這完全是個人的看法，五十年後，沈德潛因為很尊敬金聖嘆，寫了一本書叫《唐詩別裁》，就仍稱「黃鶴去」，又過五十年孫洙編《唐詩三百首》時也就沿用了「黃鶴」了。所以現在中學課本也這樣寫，沒人敢改，直到《敦煌寶藏》出現了，去看宋朝的字跡，寫的都是「白雲」，所以真是千金一字敦煌詩啊！

另外最後一句「煙波江上使人愁」，可是《敦煌寶藏》卷中是「煙花江上使人愁」，一字之差有何區別呢？這中間有一個故事，有一次李白到黃鶴樓去遊玩，看到這樣的美景，他是詩仙，所以想要題一首詩，抬頭一看，崔顥的詩在上頭，他一看就不題了，寫了兩句在上面：「眼前有景題不得，先生有詩在上頭。」後人不禁懷疑這個故事，李白那麼大的名氣，崔顥名氣沒有他大，李白真的會不題了嗎？可是再看李白曾在黃鶴樓送朋友，寫了一首詩：「故人西辭黃鶴樓，煙花三月下揚州，孤帆遠影碧山盡，惟見長江天際流。」這煙花就是學崔顥，可是因為崔顥的詩被改了，所以我們都不知道李白真的是學崔顥的。所以敦煌寶卷出現之後，隨便一個字對我們文學都有非常大的功用。

第二個例子是一首暢諸的詩。

登鸛雀樓

暢諸（《全唐詩》僅四句，作暢當）

城樓多峻極，列酌恣登攀，

回林飛鳥上，高榭代人間，

天勢圍平野，河流入斷山，

今年菊花事，並是送君還。

　　這首詩在整個《全唐詩》裡只有中間四句，前二句和後二句都掉
了，而且作者也變成暢當。中國大陸有一位詩評家就批評這首詩沒頭
也沒尾，寫得真不好，結果被我找出來，真的是沒頭沒尾。

　　再看李白的古意：

古意

李白

朝入天苑中，謁帝蓬萊宮，

青山映輦道，碧樹搖煙空，

謁題金閨籍，得與銀臺通，

待詔奉明主，抽毫頌清風，

歸時落日晚，躞蹀浮雲驄，

人馬本無意，飛馳自豪雄，

入門紫鴛鴦，金井花綠桐，

佳人出繡戶，含笑嬌鉛紅，

清歌紹古曲，美酒沽新豐，

快意且為樂，列筵坐群公，

光景不可留，生世如轉蓬，

早達勝晚遇，羞比垂釣翁。

這首詩是描寫一位大官，回家有美酒、美人相陪的生活，李白的生活就是如此，我們再看現在唐詩的古意，「佳人出繡戶，含笑嬌鉛紅」掉了，李白的生活就是要美人、美酒，掉了就不像李白的詩了，可是我們都沒發現。下面一首詩就是「故人西辭黃鶴樓……」那首：

黃鶴樓送孟浩然下惟揚

李白

故人西辭黃鶴樓，煙花三月下揚州，

孤帆遠映綠山盡，唯見長江天際流。

第三句寶卷是「孤帆遠映碧山盡」。有一次陸游出去玩時，吟李白這首詩就是用這個「映」字，可見當時李白詩就是用映字，而不是「影」字。

▲ 演講會場聽眾席

《惜罇空》（今作《將進酒》）

再看一看李白的詩，「君不見床頭明鏡悲白髮，朝如青雲暮成雪」，今天的唐詩「床頭」變成「高堂」，為什麼呢？這是因為後代的人不瞭解床頭的意思，唐代的床和現代不一樣，他們是席地而睡，床

是小小一張擺在客廳，招待客人吃飯用。

　　如宋代王羲之「袒腹東床」。有一次，一個貴族的人要去選女婿，別人都打扮好了，王羲之懶得打扮，穿得不甚整齊，就袒腹在東床上，我們誤以為袒腹東床是在睡覺，其實是在吃飯，床頭就掛著鏡子，後代的人把床移到臥房去睡覺用，床頭就不掛鏡子了，鏡子就掛到高堂上去了。還有，《三國演義》中，曹操想要刺殺董卓，董卓卻在客廳的床頭鏡中看到曹操拿刀，也證明古代的「床頭」，乃指客廳招待客人用。下面一首李白的詩可以做證明，李白《贈別舍人弟台卿之江南》詩：「梧桐落金井，一葉飛銀床，覺罷攬朝鏡，鬢毛颯已霜。」

《題淨眼師房》

　　再介紹一首王昌齡的詩《題淨眼師房》，是有關一位比丘尼的詩：

白鴿飛時日欲斜，禪房寂歷飲香茶，
傾人城，傾人國，嶄新剃頭青且黑，
玉如意，金澡瓶，朱唇皓齒能誦經，
吳音喚字更分明，日暮鐘聲相送出，
袈裟掛著箔簾釘。

　　王昌齡交的朋友都很好，都是高僧或正人君子，他自己也不貪污，但最後他被人打死，後人推測原因說他不拘小節，但實在令人懷疑，直到這首詩出現，這首《題淨眼師房》是描寫一位比丘尼長得多麼漂亮，聲音多麼好聽，對一位比丘尼，實在不應對她寫這樣的詩，這可能是他不拘小節的原因。所以有很多地方值得我們研究。

　　再舉一首《詠布》，這是李嶠做的。

詠布

「幸因舂斗粟，來穆棘華芳。」

今本作「佇因舂斗粟，來曉棣華芳。」

　　李嶠是真才子，可是他的作品到現在，被改得一塌糊塗，像最後一句「來穆棘華芳」，今作「來曉棣華芳」，是兄弟倆到明天又和好之意。

　　但原句是一個很有趣的故事，《晏子春秋》裡記載的，有一天，晏子和齊景公到東海上去玩，齊景公突然心血來潮就說：「這海水怎麼這麼紅，聽說海外仙島上的棗子只會開花，不會結果，什麼原因啊？」晏子就答說：「因為秦穆公到東海玩，用一塊布包著棗子，把棗子蒸熟了，吃完棗子，因為棗子是紅色的，布也被染成紅色，布丟到海裡，海水就變成紅色了，棗子丟到島上，因為已被蒸熟，就只會開花不會結果了。」齊景公很生氣說：「你怎麼什麼問題都會答？」晏子說：「因為你亂問，我就亂答，大王有什麼好氣的？」所以這句「來穆棘華芳」是這樣來的，棘就是棗子，所以我們發現敦煌詩後，才知道李嶠的詩被後人改得亂七八糟，後人讀不懂，就改字，愈改愈多。我今天就講到這兒，留下一點時間看看各位有沒有什麼問題要問。

　　我們今天只講詩的部分，其實《敦煌寶藏》裡找到很多東西，很多文學史都要重寫，光講詩就有這麼多錯誤，供研究之處，如還有一首詩是哥舒翰的《破陣樂》，《全唐詩》裡就沒有。唐朝幾百年受侮辱，這首詩是描寫唐把吐蕃打敗，勝利的心境，後來因為安祿山造反，哥舒翰潼關失守，他的功勞都被抹殺了。所以《敦煌寶藏》的每一個資

料就有研究的價值，現在資料取得很方便，當初我在編《敦煌寶藏》就沒那麼容易，現在大家有空，一張機票就可以去實地參觀。

孟浩然集內的偽詩

　　孟浩然的詩集裡，有些詩不是孟浩然作的！這話聽起來不免奇怪。其實古人的詩集，往往不是由詩人自己及身編定，乃是身後由家人或弟子、朋友所編集，因此有不少詩集裡都存在著作品真贋的問題。試看下面兩首孟浩然的詩，相互間有著微妙的關聯：

　　養疾衡茅下，由來浩氣真。五行將禁火，十步想尋春。致敬維桑梓，邀歡即故人。還看後凋色，青翠有松筠。

——**重酬李少府見贈**

　　弱冠早登龍，今來喜再逢。何知春月柳，猶憶歲寒松。煙火臨寒食，笙歌達曙鐘。喧喧鬥雞道，行樂羨朋從。

——**李少府與王九再來**

　　我以為前面的一首詩，是李少府作的，李少府在寒食節去探望正在養病中的孟浩然。後面一首才是孟浩然所作，感謝李少府在寒食節

來看他。二詩原本是一贈一答，唐人的唱和詩，大都只和意，不步韻，這二首應是李唱孟和的詩，編纂時一併搜入，現在詩題既經改動，編次亦已凌亂，結果二首都變成了孟浩然的詩。

觸發這個辨偽靈感的，主要是由於敦煌石室中藏有唐人手寫的詩選殘卷，殘卷中抄寫著九首孟浩然的詩（巴黎編號伯二五六七號）。後面這首詩正列在第九首，詩的題目和今本不同，作《寒食臥疾喜李少府見尋》。而前面的那首詩，在士禮居所藏楊氏影印宋刻本中，詩題是《愛州李少府見贈》，明明寫的是李少府所見贈，不是孟浩然所「重酬」，從這兩個唐抄宋刻的詩題中，已經窺見了唱酬的端倪。「愛州李少府見贈」這七個字大概是孟浩然親筆批注在李詩旁，編抄者一併編入集中，宋本還能據實刊刻，後人認為題目不通，改「愛州」為「重酬」二字（二字字形略似，行草則更相似），使得這首羼入的詩，差一點永遠無法鑑別出來了。

再從內容上看：「養疾衡茅下，由來浩氣真」，正是寫李少府去探望孟浩然生病，孟集另有《家園臥疾》詩，自稱「顧予衡茅下」，則「養疾衡茅下」的正是孟浩然。而下文「五行將禁火」是指寒食節，孟答詩中寫「煙火臨寒食」，亦已點出時節，而「鬥雞」也是寒食節的遊戲（見《荊楚歲時記》），所以敦煌寫本次首的詩題作「寒食臥疾」，十分符合。

「由來浩氣真」正用孟子「我善養吾浩然之氣」一語，其中暗鑲著「孟浩然」三字，若是孟浩然自己作的，不至於暗鑲自己的名字作標榜，更不至於自稱臥疾在床很有浩氣。這一定是李少府去探望他、安慰他，說他善養浩氣，像青翠的松筠，保持著「後凋」的翠色。

嶺南愛州的李少府在寒食節路過襄陽，想到就近去探望故人，孟浩然歸臥在家鄉襄陽，所以詩中說「致敬維桑梓，邀歡即故人」，贈詩

稱「故人」，孟的答詩才說「弱冠早登龍，今來喜再逢」，從李少府弱冠登龍以還，一直未見面，到今朝才「再逢」。這「再逢」是闊別已久的故人相逢，不是只隔短時間的「再來」，所以使孟浩然特別欣喜。今本詩題改為《李少府與王九再來》，這「再來」與詩中的「再逢」是湊不上的。

上一首贈詩說「還看後凋色，青翠有松筠」，所以下一首答詩感謝他「猶憶歲寒松」，歲寒松欺壓在冰霜寒風裡兼含著「臥疾」的意思。李少府年輩較輕，逸興俊發，贈詩中說「十步想尋春」，所以孟的答詩中把他比作「春月柳」，「何知春月柳，猶憶歲寒松」，「何知」二字，孟詩常用，是「何期」的意思，是「哪裡預料得到」的意思，從弱冠分別，到今朝再逢，全出意外，哪裡能預料到風采美貌像「春月柳」一般在「尋春」的你，居然還記得臥病在床像「歲寒松」一般的我！

這也是令臥病者欣喜的事，所以詩題應有「喜」字，應有「尋」字，敦煌的寫本是可信的。

由上所述，知道二詩之間，針線細密，對照參讀，格外有味，可證這二首是李贈孟答的詩，一併混雜在孟浩然的詩集中，已一千多年了，今天重新發現，不能不說是一件快事！

（1978 年 5 月 26 日
《中國時報‧人間》）

▲ 敦煌石室中所見唐朝人手寫的孟浩然詩

敦煌情歌

　　遠在一千二百年前，於荒漠絕塞的敦煌地方，留下了一張血淚斑斑的詩卷，這張詩卷寫成於吐蕃人攻占敦煌時期的兵荒馬亂之中，詩人原本是一位大唐戰士，在「戰苦不成功」後，被蕃軍拘俘，飄零於流沙之間。他為國土淪陷而悲憤，他為秋夜相思而惋傷，國仇與情淚，正如他所描寫的：「片片云來盡帶愁，斑斑淚下皆成血。」筆墨都是血淚，至今不曾減弱它震撼人心的力量。

　　這張敦煌遺留的詩卷，現藏於巴黎國立圖書館的東方稿本部，編號為伯氏二五五五號，卷中大部分的詩篇，都出於《全唐詩》之外，不是編《全唐詩》時所能收錄到的。若不是敦煌洞窟被發現，誰也不相信在紫塞黃沙之間，竟還有這樣痴情的作品存在著。

　　詩卷中有《晚秋》詩七首，是陷蕃詩人所自作，「君……」「君……」屢屢地呼喊著，這「君」應該是指詩人的妻子，我們無法推知詩人的妻子是否真讀到了這些相思的詩篇，但這一段濃凝郁結的心事，一直像孤石般堅挺在塞外，歷經了十二個世紀的風雨狂沙，還鮮活地

發出呼喚的聲音，儘管唱情歌、等情書的男女主人，早已化作灰燼。

　　《晚秋》詩中，有四首是呼喊「君」的，作者這時被羈留在蕃營裡，寒暑往來，已快一年了，他寫道：

　　螺紲戎庭恨有餘，不知君意復何如？一介恥無蘇子節，數回羞寄李陵書！

　　我被囚禁在戎庭裡，已近週歲，時時心有餘恨，不知道你的心裡對我是怎樣的看法？堂堂一介漢子，如果沒有蘇武不屈的節操，多麼可恥！幾次想寄回家書去，假若你把我看成是投降的李陵，怎不教人羞愧煞？

　　春來漸覺沒心情，愁見豺狼夜叫聲，君但遠聽腸應斷，況僕羈縲在此城！

　　鄉園阻隔在萬重山外，就算是春天來了，又有什麼心情去迎春？在愁恨之中，夜晚豺狼可怖的咆哮聲，特別刺人心耳，你只要遠遠地聽見狼嗥就會腸斷，何況我是被羈押在這個豺狼環伺咆哮的城裡呢？

　　另二首呼「君」的詩，呼天搶地，情意最為激切：

　　日月千回數，君名萬遍呼！睡時應入夢，知我斷腸無？

　　日昇月落，月升日落，天天數著日子，已數了千百回，而你的名字，我在頻頻呼喊著，早已萬遍以上，一心專誠地呼喚你的名字，親愛的人，應該有一些感應吧？夜深到夢裡來，夢中的你，會明白我已

經斷腸了嗎？

　　白日歡情少，黃昏愁轉多，不知君意裡，還解憶人麼？

　　白天四顧無趣，歡情自然很少，待到黃昏，黃昏似與邊愁相約，在暮靄中瀰漫高漲，愁情濃疊起來，除了想你，還能做什麼？不知道你的心意怎樣，也會一直惦掛著我麼？

　　《晚秋》詩之外，另有《閨情》二首，也是情歌一類的作品，可能也是陷蕃詩人所作，是在揣摩妻子無依無靠的心情與生活：

　　千回萬轉夢難成，萬遍千回睡裡驚！總為相思愁不寐，縱然愁寐忽天明！

　　輾轉反側，千回萬轉，就是難以入夢；輾轉反側，萬遍千回，睡夢常被驚醒。總是為那相思發愁而睡不成，即使稍微睡著，忽然天又亮了！句意由千而萬，由萬而千，反反覆覆，正和睡睡醒醒，耿耿不寐的情調相一致。

　　百度看星月，千回望五更，自知無夜分，乞願早天明。

　　上百次看望星月在地平線上升起的角度，以推測夜深的時間，上千次夜深不寐，在苦等五更天明的到來。我明白自己已經沒有享受夜色的福分，只有乞求拂曉的曙光早些到來吧！這詩對春閨裡的思婦，寫得幽怨萬分，卻不迫不露，相當雅淨。

　　這張詩卷前後很長，寫了一百多首詩，詩卷的正反與頭尾，都寫

在蕃軍中被拘繫的苦況，千山皓雪，萬里黃沙，驚魂怯魄，穹幕為家。這些記事、抒情的作品中，卷首卷尾，有類似的句子，像卷尾有一首《途中憶兒女之作》：「髮為思鄉白，形因泣淚枯，爾曹應有夢，知我斷腸無？」這四句的前兩句與卷首《晚秋》詩中「發為多愁白，心緣久客悲」相似，應該是同一人的手筆；下兩句與前述《晚秋》詩中的「睡時應入夢，知我斷腸無」相似，也應是同一人的手筆，因此可以推斷詩卷的前端與末後都是這位陷蕃詩人自己寫的詩，至於作者是誰，已經失傳。大陸上的學者，根據卷中《懷素師草書歌》下有「馬雲奇」的名字，認為這張詩卷的作者是馬雲奇，當然不對，潘重規先生根據卷中《胡笳十八拍》後，有「落蕃人毛押牙」加了一拍，成為《胡笳十九拍》，認為這裡的「毛押牙」署名，就是本詩卷的作者，頗有可能，但仍無法肯定，也可能作陷蕃詩的是另外一位作者。

這張詩卷除前段與末段是詩人自作的詩以外，中間部分抄錄了許多唐詩的名作，詩篇下面偶爾署有作者的名字，像《高興歌》下面署著「江州刺史劉長卿」七字，但這首很長的七言古詩，在現今的劉長卿集子裡不載，應是一首久已失傳的佳作。

劉長卿詩後面又錄了《娥眉怨》、《畫屏怨》、《彩書怨》、《珠簾怨》、《別望怨》、《錦詞怨》、《清夜怨》、《閨情怨》、《閨情》等首，都是寫「蕩子戍遼東」、「征客戍龍砂」等閨婦思夫的情歌，大概與這位陷蕃詩人的感觸相同，最能博得共鳴，所以抄聯在一起，陷蕃詩人自己也愛寫閨情詩，對這些紅粉淚痕的句子，持誦在手，愛不忍釋吧？

這些閨情相思的作品，都沒署作者的名字，聯在「劉長卿」之後，容易被誤認是劉長卿所作。其實像「日暮裁縫罷，深嫌氣力微」的那首《閨情怨》，經我考查是開元年間中進士的王諲所作，在《全唐詩》二冊一四七一頁。又另一首「自別隔炎涼，君衣忘短長」的閨情詩，

經我考查是孟浩然所作（詳細的考證，可參見洪範版《敦煌的唐詩》一書），可見這些情歌是由不同的作者創造的。

在《閨情》後面，是一首署名「劉希夷」的《白頭老翁》，這首詩中因為「年年歲歲花相似，歲歲年年人不同」兩句寫得太好，據說引起大詩人宋之問的嫉妒，要求將這二句詩的「著作權」讓渡給他，劉不肯答應，竟遭到宋之問僕人們用土囊壓死的厄運。

在劉希夷這首《白頭老翁》詩後面，又出現了九首纏綿悱惻的情詩，用男女互答的方式，還是中國詩史上少見的，這九首詩也是舉國失傳，而僅存於敦煌地方的情詩，前面七首題目是《思佳人率然成詠》，作者當然是男性，詩中寫得情淚滿紙：

臨封尺素黯銷魂，淚流盈紙可悲吞，白書莫怪有斑污，總是潛然為染痕！

臨到把尺素書密封起來的時分，魂魄也為之黯然銷蝕了！眼淚汪汪，流了滿紙，禁不住吞聲悲泣，你千萬別責怪白白的信箋上為什麼污漬斑斑，每一點、每一滴，都是潛然而下的情淚所染成的痕跡呀！

嘆嗟玉貌謫孤州，思想紅顏意不休，著人遙憶情多少，淚滴封書紙上流。

年紀輕輕的被謫放到孤州來，心裡對紅顏佳人的懷念，像信仰一樣，終生永不休止。窮荒的孤州裡，反而處處是你的影子，處處會惹人遙憶，如果你問我痴情究竟有多少，且看這封書信紙上淚珠滴滴成串地滾動就可以明白了！

　　直為悵怨不出門，言將白日是黃昏，朝夕上猶都不覺，秋冬誰更辨寒溫？

　　滿懷的惆悵與哀怨，連門也懶得出去，即使出門去也看不見時光的流轉，感覺不到節物的變換。明明是大白天，也誤以為是日落黃昏，心裡填滿了你的影子，想念得恍恍惚惚，是朝是夕都覺察不出，誰還分辨得了是秋是冬，是寒是溫？

　　三時出望夢南樓，面回延首望東州，知人憶著兼腸斷，不覺題書雙淚流！

　　一直往西北絕塞去，身在西北，心卻像指南針一樣，指望著東南方。儘管春去秋來，三季的企盼，夢裡出現的總是南樓，望眼欲穿的總是東州。深知你正憶著我，為我腸斷，這份情，這份愛，在我題筆寫信的時候，淚水化成噴湧而出的兩股流泉了！

　　精神恍惚總緣奴，憔悴啼多眼欲枯，遙思遙想肝腸斷，遙憶遙憐氣不蘇。

　　「奴」在唐人口語裡，是男女通用的。奴是「儂」的聲轉，都是指「我」。你精神恍惚，滿臉憔悴，啼哭多了，連眼眶四周都枯凹下去了，這全是為了我呀！下面兩句，故意重出四個遙字，你我遙遙地相思、遙遙地想念、遙遙地回憶、遙遙地憐愛，肝腸為之迸裂，神氣也難有蘇息的時刻。

　　別來月已兩回新，相思懷抱失精神，不信詩中稠疊意，殷勤問取送書人。

　　分別以來，已望見兩回新月，滿懷的相思，弄得精神耗弱！你如果不相信詩中稠疊得化不開的濃情深意，那麼請向帶信的朋友多問問吧，是真是假，連旁人都深受感動了呀！

　　形枯銷瘦為分離，乾坤頓覺少光輝，天傾雲注東征去，相助迎奴計日歸。

　　形貌枯衰，一身銷瘦，都是為了分離，一朝失去你的陪伴，乾坤立刻褪色而無光了！上蒼啊！有什麼力量可以旋轉這片天、傾瀉這些雲，讓我也踏上向東的回程，協助我，迎接我，讓我可以算出回家的日程究竟有多遠呀！

　　奇妙的是接著為女郎「奉答」二首，前面七首男子信誓旦旦的情歌，終於有了確切的回音，天涯雖遙，心心相印，何等令人興奮！女郎回答的二首情歌是：

　　縱使千金與萬金，不如人意與人心，欲知賤妾相思處，碧海清江解沒深！

　　千金萬金雖然可貴，但是仍不如人意人心的可貴。你如果想知道我的相思深到什麼程度，即使拿碧海來比，拿清江來比，哪得有這麼深呢？

　　紅妝夜夜不曾乾，衣帶朝朝漸覺寬，形容只今消瘦盡，君來莫作

去時看！

　　紅妝上的淚痕，夜夜不曾乾過，衣帶隨著日子的消磨而漸漸寬緩起來。我今天的形體容貌已經十分消瘦，當你回家的時候，不要希望仍能見到當初分別時候的青春美麗。

　　這九首情詩，沒有題作者姓名，不過，既聯在劉希夷《白頭老翁詩》之後，有可能一併是劉希夷作的。劉希夷的生平資料不多，《唐詩紀事》引《唐新語》的話，說他「好為宮體詩，詞旨悲苦」，《唐才子傳》中則說他「特善閨帷之作，詞情哀怨」，《全唐詩小傳》中說他「善為從軍閨情詩」，那麼他正是擅長於寫征人思婦題材的詩人。

　　現今留存劉希夷的三十五首詩裡，就有《代閨人春日》、《代秦女贈行人》，這種喜歡喬扮女聲，為女性設想，代替女郎作贈答詩的手法，和本卷中代女郎「奉答」正相似，更增強了這九首情歌是同出其手的可能性。劉希夷的詩文集原本共有十卷，其中詩集有四卷，元代時辛文房還見到有流傳的本子，現今《全唐詩》裡只剩下一卷了，七言絕句部分已全部失傳，這張敦煌卷子中重見的九首男女互答情詩，可能都是他早已失傳的作品。

　　這些唐代名詩人逸失的作品，或是陷蕃詩人散落在邊塞上的作品，情意懇摯，都豐富了中國情詩的庫藏，所引末尾一首詩中「衣帶朝朝漸覺寬」句，也替宋代詞人柳永的名句「衣帶漸寬終不悔」，尋到了真正出典處，這些敦煌的情歌，你能不說它們價值連城嗎？

（1986 年 8 月 1 日《中國時報・人間》）

新發現兩首敦煌曲

　　《敦煌寶藏》裡，發現不少唐五代人詞曲的寫卷，對於詞的起源、與佛曲的音樂關係等，提供了許多明確的答案。新材料的出現，是研究中國文學史上驚人的突破點，所以從敦煌寫卷問世以來，羅振玉、唐圭璋、王重民、任二北及饒宗頤、潘重規諸先生，均對敦煌曲子校釋訂補，有極大的興趣，也各有其貢獻。

　　但是由於分藏倫敦、巴黎、列寧格勒的敦煌卷子，一直沒有詳盡

的編目，所以諸家對敦煌曲子的採錄，也不容易有完備的本子。如倫敦的漢文寫卷，自來只編到斯坦因第六九八〇號為止，諸家所錄曲子，眼界也限於此號。可是近年我已將斯六九八一號至七五九九號的六百多幀無名斷片，一一重新編目，發現斯七一一一號背面也載有敦煌曲子三首，是諸家研究時所不曾發現過的。

我在《敦煌六百無名斷片的新標目》一文裡，特別提及這張曲子詞寫卷是新發現的，後來林玫儀君已應用這斯七一一一號中的第一首《別仙子》，用來與斯四三三二號中的《別仙子》作校勘用，但不知道為什麼，這張卷子上另有兩首曲子詞，是諸家所用寫卷中從未見過，完全是一項新發現，價值甚大，而林君竟失之交臂，未曾搜輯，真為她可惜。我現在把它寫下來，使諸家改採錄的敦煌曲子能更趨完備。

斯七一一一號寫卷的最後面一首，有「同前」二字，細察這曲子詞的斷句、形式，很像第一首《別仙子》。

敦煌曲子研究的困難，在於抄本中錯別字假借字既多，唐人俚句口語也較難懂，常常沒有曲牌名，而即使同一曲牌，句字多少的形式仍很自由，再加上韻腳摻雜方音，能用甚寬，或作者出於邊疆樂工之手，用韻與文人的韻書也常有不協的，因此，研究時常常連如何斷句都發生困難。

這首新發現的《別仙子》，可能是這樣讀的：

曾來不信，人說道，相思苦。
如今現，嗔交我，勞情與！
攢眉立，欹枕臥！
日夜懸腸哭泣，隨玉柱！
直代寄門朱戶！

憶君直得，如痴醉，容言語？

胸裙上，紅羅帶，帶上啼痕污！

果然得，重相見，於舊還同一處。

歸羅帳，特地再論心蘇！

以上是我根據韻腳試作的分行，這首曲子中，韻腳「苦」、「與」、「柱」、「戶」、「語」、「污」、「處」、「蘇」都在後代戈氏《詞林正韻》魚部第五部，「臥」在歌部第九部，魚部歌部在敦煌曲中很少有例子通用，但「臥」與「戶」、「蘇」等在今日方音中還有不少是音近的，這可能就是樂工混雜方言而不合韻書的地方。

這首曲子詞，當然是在寫閨怨的相思之情，這原本是曲子詞的當行本色，女主角或起或臥，懸腸哭泣，只在等待重新相見，同在羅帳中尋回心蘇情暢的時分。

曲子詞的文字以民間的口語為主，很活潑，但和今天的口語變化很大。「如今現」，可能是後人「如現今」的意思。

「嗔交我」三字，好像是「真教我」的誤書，但參看前首寫了一半的句子，「交拏嗔」三字，則「交」在唐人變文中往往是「平復、病好」的意思，「交拏嗔」是「總算平復了我的怒嗔」的意思嗎？「嗔交我」是否也是這個意思？不怒不嗔，而只剩下皺眉哭泣的幽怨了。

「勞情與」的「與」字，可能和敦煌曲《拋毬樂》中的「莫把真心過與他」的「與」字同義，是「給」的意思。

「隨玉柱」的「柱」，與唐詩「玉箸應啼別離後」的「箸」字同義，是成串的眼淚。

「憶君直得」，這「直得」在唐代變文中是當作「只有」、「必須」的意思，一想起你，只有如痴如醉呀！

「容言語」大概是「豈容言語形容」的意思，第一句「曾來不信」也可能就是「從來不信」吧？除了這些，含義還算明白。

不過，這幾行詞中，有些原文並不如此，是我改的。如「攢眉立」，「攢」原文作「贊」，周續之《廬山記》：「淵明攢眉而去」，攢眉是指心裡不快、眉頭緊聚的意思，而周紹良從莊嚴堪所藏《維摩經》背後增補的曲子詞中也有「自今已後把槍攢」的句子，「攢」也被寫作「贊」。

「日夜懸腸哭泣」，「哭」字原抄作「各」，「泣」字原文作「脏」。「紅羅帶，帶上啼痕污」，我添了一個「帶」字，「痕」字原抄作「恨」；「果然得」，「果」字原抄作「過」；「重相見」，「重」字原抄作「從」，都可能是寫錯了的。

至於這首曲子詞與第一首《別仙子》的用韻與句式不全相，同一首曲子牌名，可以自由增刪的緣故，這一點，不能用後代的「詞律」

去規範的。

在這首《別仙子》的前面，有抄剩的幾行：「昨來僥倖，人説道，心思苦。交孥嗔，含惆悵，扶腮泣，燈穿牖。」看其句式，像是另一首《別仙子》的開頭，未曾抄完，又去錄下一首。這「僥倖」二字的意思，或許是説昨夜夢見了你，像天子駕臨，引以為寵幸？還是説冀求本分以外的獲得，想得到不可能得到的東西，多少帶著戀愛者自卑的意味在裡面？「心思苦」也可能是「相思苦」的誤書。

再前面，還有一首曲子詞，句式用韻與《別仙子》完全不同，與其他的敦煌曲子詞也沒一首相同的，應該是「失調名」的佚曲，茲依韻腳將其分行如下：

欲將酒泉田襴衣，下曹朝，
君王催奏樂，方響逐雲霄！
鴛鴦帳地笙歌舞，
善勸王子歸本路。
天同榮，白金暎。
人串鉀，馬懸鈴。
樹雀兒，近刀兵，
海晏河清罷征戰，
三邊煙火滅妖精！

它的韻腳，先押蕭豪八部，再押上去聲語五部，再押庚清十一部，這不應該是韻寬通押，而是曲子詞裡有轉韻二次的規則吧？

這首曲子詞中有「酒泉」的地名，與「曹朝」的邊疆政權，可見是出於敦煌邊疆文士之手的。五代時敦煌由曹議金祖孫統治，宋初由

曹元忠父子統轄，本曲有「曹朝」二字，寫作的年代不會早於五代。

敦煌的《雲謠集》抄卷前有「金山聖文神武天子」的名號，姜亮夫以為《雲謠集》寫於西元九二二年，當時「金山白衣天子」是張承奉占據西陲時的稱號，曹議金是張承奉的部將，本曲子云：「欲將酒泉田襴衣，下曹朝」，顯然是曹議金取代白衣天子稱托西大王、瓜沙州大王、敦煌王等等以後的事。

本曲子又說：「善勸王子歸本路」，那就像是曹議金放棄「西漢金山國」，恢復節度使檢校司空，後又兼中書令，和他的兒子元德等向中原的後唐進貢馬與玉，所以本曲子所寫的內容，當是西元九三〇年左右的史實。

「天同榮，白金暎」，大概是說：中原的天子也同感榮幸，而賞賜的金銀絹帛，光榮奪目。

當時一方偏安，歌舞昇平，「人串鉀，馬懸鈴」大概是說盔甲串疊不用，馬也解鞍休息，「鉀」是「盔甲」的俗寫。「樹雀兒，近刀兵」，大概說鳥雀馴順，不畏軍人，因為在戰爭的年代，軍無現糧，羅掘具窮，樹雀也成了最佳的食物，白居易的《放旅雁》詩道：「雁雁汝飛向何處？第一莫飛西北去！淮西有賊討未平，百萬甲兵久屯聚，官軍賊軍相守老，食盡兵窮將及汝，健兒飢餓射吃汝，拔汝翅翎為剪羽！」可見戰亂之時，樹雀也以遠離刀兵為吉，現在海晏河清，所以鳥雀近人，也不畏刀兵了。

曹議金時，因為禦侮有力，人民多歌頌他，在敦煌伯三一二八號寫卷中，正有《望江南》詞稱讚「曹公」議金的偉大說：「靖難論兵扶社稷，恆將籌略定妖氛。」正與本曲子詞的歌頌對象相同。

本曲子詞中，也有一些字是我改動的。第一句「欲將酒泉田襴衣」，「欲」原本作「玉」，不易解釋；「方響逐雲霄」，「霄」原本作

「簫」，顯然是寫錯了的。「近刀兵」，「兵」原本作「岳」，旁邊曾重複寫兩次「近刀兵」又被檳去，都是「兵」字，這裡作「兵」才對。

　　敦煌曲子詞，號稱五百首，剔除重複以後，累計還不到兩百首，這兒又新增兩首，一定是同好們所樂意聽到的好消息。

敦煌曲「鬥百草詞」試釋

一、緣起

敦煌曲子詞中，有《鬥百草詞》四首，出現於斯六五三七號及伯三二七一號。王重民、任二北、饒宗頤諸先生均曾校錄訂補，任二北認為《鬥百草詞》文辭扞格不通，研讀起來，頗覺困難，他說：

> 此套辭雖簡，而不可通處特多！王集已參兩卷所見，猶扞格如此，若無新資料參考，殆難有進。（《敦煌曲校錄》頁一八五）

文辭不通，解讀困難，正逗起我研探的興趣，每逢學問難處，或正是趣味多時，因此我想蒐集可能的資料，提出新的假設與求證，作進一步的試釋。

二、鬥百草曲的創始

有關「鬥百草曲」，創始自隋煬帝時樂正白明達所作，至唐代曲猶盛行。考《隋書‧音樂志》下：

煬帝不解音律，略不關懷，後大制豔篇，辭極淫綺，令樂正白明達造新聲，創萬歲樂、藏鉤樂……玉女行觴、神仙留客…鬥百草…及十二時等曲。（卷十五）

明人胡震亨作《唐音癸籤》，詳考唐各朝樂，在「年代題義均可考者」之中，列有「鬥百草」曲。（世界版頁一一三）而考《唐會要》卷三十三，正載有「鬥百草樂」，相信這「鬥百草」曲，為隋代所創的「新聲」，到唐代乃屬「古曲而行用於唐」者，敦煌寫卷中出現了《鬥百草詞》四首，正是唐代仍流行著這舞曲的最佳存證。

至於鬥草遊戲的起源，必在隋代制曲以前。由於劉禹錫有《白舍人曹長寄新詩有游宴之盛因以戲酬》詩云：

「若共吳王鬥百草，不知惟是欠西施。」（據季振宜《全唐詩》稿本冊四十四、頁一五四五八校文）

而蘇軾又用劉禹錫與白居易這首酬答詩為內容，斷章取義作詩道：

曾把四弦娛白傳，敢將百草鬥吳王？（《蘇州閭邱江君二家雨中飲酒詩》第二首）

南宋的王十朋，沒弄清楚蘇詩的來歷，便注蘇詩道：「吳王與西施作鬥百草之戲。」等於把鬥草的遊戲上推至春秋時代，而據蘇詩竟斷定吳王與西施曾玩鬥草的遊戲。明代郎瑛的《七修續稿》卷四，也沿襲此說。其實細察劉禹錫全首的詩意，是：「假若和吳王夫差玩鬥百草的

遊戲，鬥來鬥去，不知不覺卻忘了拿出最美麗的一朵王牌花──西施
呀！」劉詩用來戲弄白居易，説他只知道「開道路、引旌旗、隨劍戟、
去笙歌」，問他在城橋寺馬之間，是否與吳王鬥草時忘了西施一樣，忘
了帶美麗的女伴呢？這只是劉禹錫假設的玩笑，而東坡也只是就劉白
間的玩笑話拿來作幽默的典故，決不能單憑劉蘇的詩句便認定吳王與
西施曾玩過鬥草的遊戲。

　　清人翟灝在《通俗編》卷三十二里，已經不相信據劉禹錫詩便可
以證明鬥草起於春秋時代，但他異想天開地引申公詩説，以《詩經‧
芣苢》為兒童鬥草歌謠之辭，認為周代實有此種遊戲，任二北也相信
了這種説法。其實申培的《魯詩故》裡，是這樣説的：

　　采采芣苢之草，雖其臭惡，猶始於抒采之，終於懷擷之，浸以日
親，況於夫婦之道乎！（《列女傳》卷四引）

　　説臭草尚且日久生情，不忍抛棄，何況夫婦？丈夫有了惡疾，妻
子不忍心去之而改嫁，這和鬥草有什麼關係？《芣苢》全詩，始終只
采同一種草，鬥百草則須以「色數多、對仗巧」為勝負的，《芣苢》一
詩，不足為憑，不能只據此便證明鬥草起於周代。

　　有關「鬥百草」最早的記載，應是梁元帝時宗懍寫的《荊楚歲時
記》：

　　五月五日，四民並踏百草，又有鬥百草之戲，采艾以為人，懸門
戶上，以禳毒氣……是日采雜藥，《夏小正》此月蓄藥以蠲除毒氣。

　　相信是民俗中的「采雜藥」，因而引出「鬥百草」的遊戲，兩者互

有關聯，在踏青、採藥、鬥草之中，自然也附有「多識草木之名」的教育意義的。這麼說來，民俗中鬥百草的遊戲，至遲出現於梁元帝時。

三、「鬥百草」的情狀

鬥草是怎樣的鬥法？鬥草的內容情狀究竟如何？這與解讀敦煌《鬥百草詞》的關係甚大，隋、唐、五代及宋人的詩文中，雖常提及鬥草，情狀方式不甚詳細，現摘舉部分如下，可供參證：

隋煬帝詩：「踏青鬥草事青春。」（見《古今圖書集成·草木典》第四卷草部選句引）

唐崔顥《王家少婦詩》：「閒來鬥百草，度日不成妝。」

李白《清平樂》：「百草巧求花下斗。」

白居易《觀兒戲詩》：「齠齔七八歲，綺紈三四兒，弄塵復斗草，盡日樂嬉嬉。」

杜牧《代人作詩》：「鬥草憐香蕙，簪花間雪梅。」

李商隱《代應詩》：「昨夜雙鉤敗，今朝百草輸，關西狂小吏，惟喝繞床盧。」

鄭谷《採桑詩》：「曉陌攜籠去，桑林路隔淮，何如鬥百草，賭取鳳皇釵！」

貫休《春野詩》：「牛兒小，牛女少，拋牛沙上鬥百草。」

五代韓鄂《歲華記麗》：「端午：結廬、蓄藥、鬥百草、纏五絲。」

宋蘇軾詩：「尋芳空茂木，鬥草得幽蘭。」

章得象詩：「五日看花憐並蒂，今朝鬥草正宜男。」又：「五霙開瑞莢，百草鬥香苕。」

陸游詩：「身入兒童鬥草社。」

此外尚有韓愈、鮑防、韓偓、吳融、司空圖、和凝、花蕊夫人等，均有詩提及鬥草，從這些資料中，可知鬥草遊戲，自隋唐而宋，

相沿不衰，而鬥草的人物，有婦女，有兒童，有牛兒、牛女，知識水平並不是很高，至於唐韋絢《嘉話錄》，記安樂公主鬥草，亦在端午日，知識水平一高，所斗更屬好奇過甚，可能兒童、婦女所鬥草，與教育水平較高者所鬥草，規則的繁簡也許不完全相同。

筆者幼年時，在浙江農村中，兒童仍有鬥草遊戲，限時雙方尋採眾草，然後先比同類的花草，隨斗隨丟棄，同類鬥完，再比異類的花草，我有你無，你有我無，總計花草色數多寡決勝負，鬥草時不講究花草名稱上的「對仗」，這可能就是牛兒、牛女的兒童斗草法。

記載鬥草情狀頗完備的一篇文章，乃是明人鮑在齊的《蒲團上語》，記敘他在黃山坐蒲團時所聞所見：

一日余攜花籃，去尋藥苗，過香水溪，見二童子各採花草，掩藏之狀。余問其故，答曰：「我們鬥花賽草頑耍！道人無事，與我們作證見何如？」余曰：「也可也可。」少時，二童子各各一兜兩袖，共來石上坐下，一童子云：「要花對花，草對草。」一童子云：「要對得工，天然巧。凡花草每出鬥賽，即丟去，如有好名目者，花對草，草對花俱可。只要名目相對，平仄相當，自然工巧，方妙。如對不著，打三披。」一童子答云：「說得好。」已斗賽數百回，彼出繩陰草，此以壯陽花對之；出龍頭花，以虎尾草對之；出七姐妹花，以九弟兄草對之。彼童子大叫，未聞此草，巧立名目，證之於余，余曰：「即九頭草是也。」彼出耐驚花，此以瀟灑草對之；出透骨草，以無心花對之；出忘憂花，以接引草對之。花草將盡矣，今鬥賽一空，此云尚有醉花一朵，彼答亦有夢草數莖；此云你有夢草，我有回迷花解之；彼云你有醉花，我亦有醒酒草解之。二童跳耍，欣然大叫，一曰：「我還有靈子草隨身。」一云：「我還有嬰兒花在腹。」忽然間溪邊又跳來一童子，

手持一枝花云：「你們靈子嬰兒，到不得月月紅。」三童拍掌大笑，跳耍而散，余將所丟下花頭撿拾籃中。

記載鬥草最詳盡的一首詩，也是明代人所寫，是吳兆的《秦淮鬥草篇》：

樂遊苑內花初開，結綺樓前春早來，春色染山還染水，春光銜柳又銜梅。此時芳草萋萋長，秦淮兒女多閒想，閒想玉閨間，羅衣正試單，芳飆入戶吹帷動，巧鳥當窗攪夢殘，因嬌麗日長安道，相戲相耍鬥芳草。芳草匝初齊，茸茸沒馬蹄，芳草遠如暮，望遠迷人步。將綠將黃不辨名，和煙和霧那知數？鳳凰台上舊時基，燕雀湖邊當日路。結伴踏春春可憐，花氣衣香渾作煙，誰分遲遲獨落後，誰能采采不爭前？裊裊桑間路，佳期何暇顧？悠悠淮水湄，遠道不遑思，空生謝客西堂夢，徒怨湘娥南浦離，未鳴鶗鳩先愁歇，乍囀倉庚正及時，正及時，先愁歇，密取畏人窺，疾行防蘚滑，入深翠濕衣，緣高香襲襪，搴若將何為？束芻欲待誰？茜紅猶勝頰，蒮白卻慚肌。薜荔裁衣安可被？菖蒲結帶豈堪垂？盈掬盈襜羅眾芳，蛾飛蝶繞滿衣裳。蘭皋藉作爭衡地，蕙畹翻為角敵場，分行花隊逐，對壘葉旗張，花花非一色，葉葉兩相當，君有麻與枲，妾有葛與藟；君有蕭與艾，妾有蘭與芷；君有合歡枝，妾有相思子；君有拔心生，妾有斷腸死；贏歸若個中，輸落阿誰裡？相向無言轉自愁，芳坰過客忽疑秋，別本辭柯何倚托，傾青委綠滿郊丘，雖殘已受妍心惜，縱賤曾經纖手摘！芍藥多情且自留，蘼蕪有恨從教擲！人生寵愛幾能終，人心安得采時同？縈愁結念尋歸徑，接珮連裙趁晚風，情知朽腐隨泥滓，會化流螢入幕中！（見《古今圖書集成‧草木典》所引，在第五三一冊之十九頁）

　　鮑文以採藥引起鬥草，吳詩以踏青引起鬥草，這兩段資料中，始末具備，得知鬥草的詳細情狀如下：

　　1. 開鬥前，雙方採花草時，限定同樣時間，故須「疾行防蘚滑」的快速採集。

　　2. 採集何種花草，乃屬鬥賽的機密，故有「密取畏人窺」的「掩藏之狀」，收羅眾芳，盈掬盈襜。

　　3. 鬥賽時有「花對花」、「草對草」者，若求對仗工巧，名目相對，平仄相當，則花往往對草，草亦可對花。「花花非一色」是指異類的花相鬥，「葉葉兩相當」是指同樣的草相鬥。

　　4. 鬥賽中之高手，對花草的名稱及「一草多名」都記得很熟，隨機應對，以名稱的巧妙對仗，為鬥草中的「好名目」，如：

　　「合歡枝」鬥「相思子」

　　「拔心生」鬥「斷腸死」

　　「繩陰草」鬥「壯陽花」

　　「龍頭花」鬥「虎尾草」

　　「耐驚花」鬥「瀟灑草」

　　「透骨草」鬥「無心花」

　　「忘憂花」鬥「接引草」

　　「醉花」鬥「夢草」

　　「夢草」鬥「回迷花」

　　「醒酒草」鬥「醉花」（偶有字數不相當者）

　　「靈子草」鬥「嬰兒花」

　　5. 雙方鬥草賽花，有時須第三者作見證裁判，如甲出「七姐妹花」，乙即以「九弟兄草」來鬥，甲如認為對方的草名系杜撰可疑，可請裁判裁決，驗證乃「九頭草」，「九弟兄草」或係臨時杜撰的名稱，

對不著即輸一回。

6. 有以每輸一回即罰者，有以輸贏回數累計總和以定勝負者。據前鄭谷詩，則鬥百草時亦有以金釵來賭輸贏的，據《酌中志略》，則採百草有「相鬥賭飲」者，一般兒童均以「打三下」為罰。

7. 花草兩兩鬥畢，均擲委於地。

四、《鬥百草詞》的校釋

敦煌《鬥百草詞》的難解，主要在錯字別字不少，且花草名目，往往一草有多名，而俗知其名，又往往知音而不知字，大率「以意為之」，因此考查較為困難，再加唐時曲韻很寬，韻腳是否有誤字，也難定奪。幸好這四首詞曲，句子上下文義往往呼應，可以協助詞義的探索，下面試著將校正後的字句先列出，而敦煌原文及被校改的理由，證明於各句之下。

第一

伯三二七一號（以下簡稱伯本）「第一」省略，僅有殘存「三字，斯六五三七號（以下簡稱斯本）亦省略「第一」，任二北氏《敦煌曲初探》以為有此「第一」、「第二」、「第三」、「第四」字樣，分標於各遍以前，為「唐大曲」的條件，與多首聯章的雜曲作分別。

達士祈長生

伯本斯本「達士」原作「建士」，王重民《敦煌曲子詞集》照錄，又校「建士」為「健士」。任二北《敦煌曲校錄》改「建士」為「建寺」，無證，待考。又在《敦煌詩歌總編》中引用音標，證明「士」、「寺」聲母相近，韻母又同，故得相代。今考「建寺祈長生」，單句文意雖通順，但與下句毫不相涉，寺從「之」聲，並不從「士」為聲符，

改「士」為「寺」，全屬猜測，上下文義又不協。今改為「達士祈長
生」，「達」、「建」形近而訛。全句與下邊「佳麗重明臣」句型句義均
相應，一指男士，一指婦女，《酌中志略》所謂「男女」於郊原采百
草。且「達士」與下句「花林摘浮浪」亦相貫通，「達士」即「浮浪」
之士的溢美之詞，達士脫略名利，優游閒暇，鬥草採藥，所以祈長
生。且一二兩句之文義相貫，一如下遍一二兩句之文義相貫，復考敦
煌伯二四四○號《靈寶真一五稱經》，屢稱「令人通神致福」之「長生
草」，疑本曲所祈長生，是祈長生之草，故下文的「離合花」，久服可
輕生，嵇康以合歡蠲忿可以養生；下文的「獨搖草」，據《本草經》「久
服輕身耐老」，雷斅謂「用免煩人心」，系四神丹中的一藥，皆與「達
士」所祈長生藥效有關。

花林摘浮浪

伯本「浮浪」作「浮朗」，斯本作「浮郎」，任二北以為「不得其
字，待訂」，而饒宗頤《敦煌曲》以為「伯作朗，是」。不曾舉證。今
考浮朗、浮郎，義均不通，當是「浮浪」之誤。「浮浪」謂輕浮、流
蕩，謂人終日遊蕩不務正業，正形容鬥草的人群，亦即指上句「達士」
而言。「浮浪」一詞，唐宋人常用，《宋史・食貨志》載司馬光奏文：
「今皆浮浪之人應募」，又梅堯臣《聞進士販茶詩》：「浮浪書生亦貪
利」，可見本句實指花林中浮浪之人閒遊覓草。浪郎朗並從「良」聲，
音近易混。

有情離合花

「離合花」即「合歡花」，以調平仄故稱離合花。合歡之葉，至暮
即合，晝離暮合，故亦可稱離合花。合歡又稱夜合花，考伊世珍《瑯

嬛記》：「晝開夜合，故又以『夜合』
為名，又謂之『有情樹』。」合歡又
名有情樹，因此本句「有情離合花」
的「有情」二字，乃是切准樹名作含
義上的雙關，與下句「無風獨搖草」
的「無風」，都就花草名目的特性而
言，並非泛設的形容詞。相傳合歡樹
雌雄異株，須並種乃生花（亦見伊世
珍《瑯嬛記》），因此才名為有情樹。
實則合歡花有兩性，淡紅色，萼漏斗
形，雄蕊多數挺出花絲，雌蕊與萼基

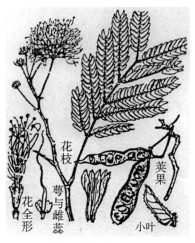

▲ 展開之花冠合歡圖

部合生。（參見人文出版社《植物大辭典》頁一一九三）又考嵇康《養
生論》：「合歡蠲忿」，合歡能使人不忿，蠲憂忿亦即長生的意思。梁吳
筠《採藥大布山詩》：「三葉長生花，可用蠲憂疾。」可證蠲憂與長生
的關係。《本草經》又謂合歡能「合心志，令人歡笑無憂，久服輕身，
明目，得所欲」。可見合歡的藥用效能並與首句「達士祈長生」應合。

　　又考《遼史・禮志》：「五月重五日午時，以五彩絲為索，纏臂，
謂之『合歡結』，又以彩絲宛轉為人形，簪之，謂之『長命縷』。」則
遼俗端午以「合歡」祈「長生」，可謂確證無疑。

　　又任二北以為「離合花」即段成式《酉陽雜俎》所見之「合離
草」，不確。《酉陽雜俎》中武攸緒所服赤箭，又名獨搖芝、合離草。
食之晚年肌肉始盡，目有紫光，雖《抱朴子》謂服獨搖芝可「延年」，
但與本曲特指「有情」二字不甚切合。

無風獨搖草

獨搖草，《本草經》稱為「獨活」，陶弘景曰：「一莖直上，不為風搖，故曰獨活。」《別錄》曰：「獨活……土脈中生此草，得風不搖，無風自動，故名獨搖草。」可見「無風」兩字與獨搖草的特性有關。任二北引《埤雅》云：「獨搖草見人自動，佩之令夫婦相愛。」又引唐段公路《北戶錄》引《靈芝圖說》：「無風獨搖草，男女戴之相媚。」所引之意，與證「合歡有情」相類。今考《本草經》，獨搖草久服可「輕身耐老」，而獨搖草又有「長生草」之別名（見人文出版社《植物大辭典》頁四二八九）。這些說法，都與達士所祈「長生」相應。

花序

花

叶

花枝

果序

▲ 獨活圖

喜去喜去覓草

覓百草時，祕密掩藏，己所發現採集者，唯恐他人亦發現采集，收羅眾芳，爭衡角敵，充滿覓寶擅勝的喜悅，前引白居易詩所謂「盡日樂嬉嬉」。

色數莫令少

鬥百草，以花草色數多者為勝，其中以名目對仗逞智鬥巧，尤稱勝事，如「離合花」對「獨搖草」，則未必是「牛兒、牛女」所能鬥。至於「浪」與「草」、「少」押韻，浪在《廣韻》去聲四十二宕，草為上聲三十二皓，少為上聲三十小，饒宗頤先生歸納為二部八部通用。

第二

伯本斯本均有「第二」兩字。

佳麗重明臣

斯本「明臣」二字，伯本作「門臣」，明門形近而訛。王重民誤以伯本作「阿臣」，後改作「明臣」，仍覺不通，又校作「明辰」。任二北校改作「名城」，據字音相近混葉，以為即李白「三吳佳麗城」的意思。高國藩《敦煌民俗學》則仍據王氏誤字作「阿臣」。饒宗頤作「明臣」，不改字。

今考斯本「明臣」或不誤，無須改字，《本草經》曰：「上藥為君，中藥為臣，下藥為佐。」故「明臣」或指藥草而言，古人呼藥草為臣，簡稱為「藥臣」，如宋周必大詩：「多病惟思對藥臣」，是以草藥為臣之證。稱「明臣」者，《漢書・王褒傳》所謂「賢明之臣」，下文「西山白」、「東海平」，疑皆為仙草，均屬「明臣」。

爭花競鬥新

任二北改「爭花」為「簪花」，鬥草爭花，句本通順，何必改？前引杜牧詩：「鬥草憐香蕙，簪花間雪梅」，「簪花」或是以「戴插」花色多者為勝的「鬥花」（見五代王仁裕所作《開元天寶遺事》的「鬥花」條），與本曲中「爭花」以鬥百草的遊戲規則不同，前引吳兆詩中「密取畏人窺，疾行防蘚滑」及「蘭皋藉作爭衡地，蕙畹翻為角敵場」，即鬥草遊戲時「爭花」的意思。

不怕西山白

遍查中國植物書，無論同名異名，均無「西山白」草，恐是指仙

人的靈藥草。考「西山」一詞，常帶仙氣，齊謝朓《和紀參軍服散得益詩》：「金液稱九轉，西山歌五色」，則「西山五色」是制散的名藥。謝詩本魏文帝《折楊柳行》：「西山一何高，高高殊無極，上有兩仙童，不飲亦不食，與我一丸藥，光曜有五色。」則丸藥有五色，中或有白色，而謝詩「九轉」是「西王母九轉霜雪之丹」，乃是白色的。李商隱《寄太原盧司空三十韻》：「西山童子藥，南極老人星」，即用此典故，唐人以西山藥入詩者頗多。至《五代史王鎔傳》：「鎔好左道，煉丹藥，求長生，與道士王若訥留游西山，登王母祠。」是西山與神藥往往有關。再考《藝文類聚》卷七十五「疾部」引梁簡文帝《答湘東王書》：「吾春初臥疾，極成委弊，雖西山白鹿，懼不能愈。子預赤丸，尚憂未振。」白鹿本為祥瑞獸，西山白鹿似為神藥名，均可作「西山白」為仙藥靈物名的旁證。

惟須東海平

鬥百草一事，本導因於採雜藥，而採靈藥又與覓仙草事相近，因此「東海平」與「西山白」都可能與仙草有關，名稱不見於植物典籍，這六個字兩相對仗甚準，也不像有錯別字。但考「東海」與「西山」一樣，都是容易與「仙鄉」作聯想的地方。《十洲記》云：「東海有瓊田芝草」，而《藝文類聚》卷七十八引梁庾肩吾《道館詩》：「仙人白鹿上，隱士潯溪邊，試取西山藥，來觀東海田。」則東海自為神仙藥草田的所在，西山藥，東海田，用以取對，皆指仙人隱士的靈藥。「東海平」若非草名，則取「海水屢成田」以產芝草的意思。《藝文類聚》卷七十八引梁簡文帝《招真館碑文》云：「夫東瀛淥水，三變成田，西嶽靈桃，千載未子。」則西山白、東海平或與此意相近，謂東海芝草與西山白桃，皆仙人草木。

又漢張衡《西京賦》：「東海黃公，赤刀粵祝，冀厭白虎，卒不能救。」寫東海黃公善平蛇妖，但年老力衰，欲厭平白虎之患，反被白虎所吃。漢時的角抵戲，常演這故事，張衡正是在寫角抵戲中的情節。這傳說不一定與本曲的「東海平」有關，但可證「東海平」總與仙鄉有關，附述於此。

「不怕」、「惟須」，謂不怕仙草罕見難覓，惟須有以相當，花隊草旗，靈草仙藥，各出絕招的意思。

喜去喜去覓草

伯本斯本均漏「覓草」二字，諸家均依首末兩遍曲辭補足。

覺走鬥花仙

伯本斯本「仙」並作「先」，「鬥花先」語意不明，疑為「鬥花仙」。上文「西山白」、「東海平」似與仙草有關，考伯二五六〇號《太上洞玄靈寶升玄內教經》卷第六有「玉童奉仙草，神女進云瑛，一服享倜年，成真永無疆」句，唐代道教特盛，道經中「仙草」、「長生草」的傳說一定極盛，仙人正以仙草相鬥，故出「西山白」、「東海平」等靈藥，覓草的達士或佳麗，探入雲深處，恐將覺走此鬥花仙，遺下遍地鬥罷的仙草，歌以為樂。有關鬥草仙人事，亦可參見明人陳子龍所寫《安樂公主五月五日鬥草檄》，文中：「語恨則美人之貽，征奇則神仙所拾，降帝子於北渚，沅蕙澧蘭；攬玉女於西華，秦葭晉杜。」（《陳忠裕全集》卷二十四）是帝子、玉女群仙鬥草，野有神仙奇草可拾，或亦古時遺說尚存者。

任二北說：「末句待校，『先』失韻。」又說：「平，庚韻，先，先韻，雖在方音，亦與上二字不葉，宜另有說，俟考。」今改作「仙」

字，《廣韻》雖有一先二仙之別，敦煌曲韻則在同部。與「平」、「新」押韻，饒宗頤先生列為六部、七部與第十一部通用。

第三
望春希長樂

斯本「希」字甚清晰，伯本「希」字不明，潘重規先生《敦煌詞話》謂伯本「希」作「爭」。任二北《敦煌歌辭總編》引《舊唐書郭子儀傳》：「敕百僚班迎於長樂驛，帝御望春樓待之。」則自望春樓希見「期待之人」出現於長樂驛，固是唐人常語。任氏又云：「望春，宮名、亭名、樓名；長樂，阪名、驛名，俱臨滻水。王維《奉和聖制上巳於望春亭觀禊飲詩》：『長樂青門外，宜春小苑東，樓開萬戶上，輦過百花中。』」據此則自望春亭觀望長樂青門外，正百花盛開處，亦即鬥草者以短時間採集最多種類花草處。望春釋為樓名或亭名，長樂釋為阪名或驛名，意均可通。

南樓對北華

斯本「北華」字跡甚明，伯本「北」字寫法特別，近於「化」，下「華」字饒宗頤先生以為是「芊」，任二北未細審原卷，將伯本「化芊」誤為「北化」，他並主張：「『北化』或『北華』，應改為『百花』，惟嫌韻復，且『百花』二字還原後，辭之現實性乃加強，為盛唐作品益可信。」又說：「《新唐書》三七《地理志》云：『京兆府萬年縣有南望春宮，臨滻水，西岸有北望春宮，宮東有廣運潭。』據此，南樓應指南望春宮。」（《敦煌歌辭總編》）任氏以南樓為南望春宮，頗有價值，但將「北華」改為「百花」則不必，因上句「望春」若為宮名，而「希長樂」，「長樂」若為驛名，乃取二地遙望的意思，因此「南樓」若指

南望春宮，則「北華」亦當為一建築物的簡稱，也取二地相對的意思。今考東華、西華為城門名，南華、北華，都與道教事蹟有關，宋張君房《云笈七籤》云：「高皇齊龍輪，遂造北華堂。」則「北華」可能為道觀的舊名，唐時或有。又據下文「結縷草」、「連及花」，這「結縷」、「連及」都有將兩地連結相及的意思，暗寓著與「連理」、「合歡」相類似的趣味，若作「辭之現實性」的「百花」，則大損南北遙對希望的妙處。本詞曲四首中，凡所採花草名稱的含義，均與上下文義呼應雙關，這一點，是解讀本詞曲時不容忽略的。

且看結縷草

伯本作「且看」，斯本則作「但看」，且看此草，何時成花，與下句語意為「流水對」，「且看」較佳。末句雖重出「且」字，在質樸民歌中不相忌，如「第一」、「第二」、「第四」均重出「花」字亦無忌，可證。「結縷草」伯本、斯本均作「結李草」，遍考中國植物典籍，並無結李草。任二北以為即結物編制，如「衣結草」為「結草為衣」的意思，嫌迂曲。今

▲ 結縷草圖

考「結李草」疑為庭園坡地常見之「結縷草」，匍匐地面，節節生根，如線相結，故名為結縷草，由此樓望彼樓，且看一片皆結縷草。《爾雅·釋草》：「傅、橫目」下郭注：「一名結縷，俗謂之鼓箏草。」疏：「傅一名橫目草，蔓延生。」《漢書·司馬相如傳》注：「師古曰：結縷蔓生，著地之處，皆生細根，如線相結，故名結縷，今俗呼鼓箏草，兩幼童對銜之，手鼓中央，則聲如箏也，因以名云。」結縷草名用之於

文章者，如漢司馬相如《上林賦》：「布結縷，攢戻莎」，可見結縷草名，實為唐人所熟知。縷，《廣韻》力主切，李、良士切，均屬來母，系雙聲字，縷在上聲麌韻，李在上聲止韻，同屬上聲來母字，同屬細音，縷 ʎjuo、李 ʎji 北方方音相近，凡植物名流行民間，往往得音不得字，故借字必多。

何時連及花

「連及」伯本斯本均作「憐頡」，遍考中國植物典籍，無「憐頡花」之名。王重民校「頡」為「纈」，任二北以為：「是，纈謂染印花紋。」並有意要改「憐」字為「染」。饒宗頤校作「擷」，未作說明，可能將「憐擷」、「憐愛採摘」的意思，不作花名解釋了。諸家苦思可佩，其實「憐頡花」可能即是「連及花」的借音。考《本草經》：連及草即「白及」，李時珍《本草綱目》：「其根白色，連及而生，故曰白及。」連及草別稱蓮及草（見《植物大辭典》），而「蓮」與「憐」並為落賢切，字音雙關，為古詩樂府所常用，蓮連音同，故知「連」、「憐」實為借用字。連及草農曆五月抽花莖，長六七分米，著花五六枚，白色或紫色，是為連及花（參見人文出版社《植物大辭典》頁一〇〇六）。「連及」與「憐頡」在字音方面，連在《廣韻》二仙，憐在《廣韻》一先，唐時先仙同用，連為力延切，來母字；憐為落賢切，亦來母字，二字聲韻並同。至於及、其立切，入聲二十六緝；頡、古黠切，入聲十四黠，其屬

▲ 白及圖

群紐，古屬見紐，牙音雙聲，兼為入聲，及 g'jep 頡又念胡結切 ɣiet，北
方方音相近。民俗間對植物名往往得音不得字，故所書多為借音字。

　　結縷、連及，都以兩地兩樓相望相對，興起何時方能「連結」的
男女感慨，一時連結不得，故下文有「斗罷且歸家」的結尾，全曲含
意本自貫注。

　　喜去喜去覓草
　　伯本、斯本並少「覓草」二字，據「第一」、「第四」遍補。

　　鬥罷且歸家
　　第一遍主題在祈長生，第二遍主題在求名藥草，此遍主題則為男
女之情。如此兩地相望，問何時可「結縷連及」？一時尚不得知，情
無所托，暫勿荒嬉失路，鬥罷且歸家去。

　　第四
　　庭前一株花
　　芬芳獨自好
　　欲摘問旁人
　　兩兩相捻取

　　以上四句辭意清順，謂庭前有栽培之一株花，名花奇種，正芬芳
獨自妍放，但鬥草之人為求花草色數獨多，欲往摘取，甲恐主人呵
責，欲問主人，所問實為旁人，未置可否，即捻取一朵；乙亦恐主人
呵責，欲問主人，所問亦是旁人，未置可否，隨即亦捻一朵。考五代
王仁裕《開元天寶遺事》卷三「鬥花」條：「長安士女，於春時鬥花，

戴插以奇花多者為勝，皆用千金市名花，植於庭苑中，以備春時之斗也。」這裡的「鬥花」與本曲的「鬥草」不是一回事，但由此可見民間以高價買名花植於庭苑者甚多，因此本曲中的庭前之花，可能是用千金買來，經過苦心培植的，若不問主人，不得任意盜摘，而甲、乙兩人欲問主人，卻問旁人，裝一個徵得同意的樣子，以掩藏他們貪求盜摘的動作，把盜花之心太切的情狀，躍現紙上，寫得很傳神。

句末「取」字，任二北認為「失韻」，校改為「笑」字。王重民不改字，饒宗頤以為「取」與「報」押韻，列為五部、八部通用之例，亦不改字。此字若必須改，或改作「盜」字較妥，與「好」、「報」均在《廣韻》三十七號韻，此句實不適合改作拈花笑狀，考全曲韻腳甚寬，間或可押可不押，且存原貌作「取」不改為宜。

喜去喜去覓草
灼灼其花報

斯本「其花」書作「花其」，旁有倒文號，則「灼灼其華」本用《詩經・桃夭》原句。報，回報，取《莊子・列禦寇》「造物者之報人」句，注謂「積習之功為報」，取造物回報的意思，積勞覓草，花所以回報它「灼灼」之美。

地域文化研究叢書・敦煌文化研究叢刊　A0204024

敦煌文獻與文學叢考　下冊

作　　者	黃永武
編　　著	鄭阿財
版權策畫	李煥芹
責任編輯	曾湘綾

發 行 人	林慶彰
總 經 理	梁錦興
總 編 輯	張晏瑞
編 輯 所	萬卷樓圖書股份有限公司

臺北市羅斯福路二段 41 號 6 樓之 3

電話　(02)23216565

傳真　(02)23218698

出　　版　昌明文化有限公司

桃園市龜山區中原街 32 號

電話　(02)23216565

發　　行　萬卷樓圖書股份有限公司

臺北市羅斯福路二段 41 號 6 樓之 3

電話　(02)23216565

傳真　(02)23218698

電郵　SERVICE@WANJUAN.COM.TW

大陸經銷

廈門外圖臺灣書店有限公司

　　電郵　JKB188@188.COM

ISBN 978-986-496-448-2

2019 年 3 月初版

定價：新臺幣 400 元

如何購買本書：

1. 轉帳購書，請透過以下帳戶

　合作金庫銀行　古亭分行

　戶名：萬卷樓圖書股份有限公司

　帳號：0877717092596

2. 網路購書，請透過萬卷樓網站

　網址　WWW.WANJUAN.COM.TW

大量購書，請直接聯繫我們，將有專人為您

服務。客服：(02)23216565　分機 610

如有缺頁、破損或裝訂錯誤，請寄回更換

國家圖書館出版品預行編目資料

敦煌文獻與文學叢考 下冊 / 黃永武著. 鄭阿

財編著 -- 初版.-- 桃園市：昌明文化出版；

臺北市：萬卷樓發行, 2019.03

　冊；　公分

ISBN 978-986-496-448-2(下冊 ：平裝)

1.敦煌學 2.敦煌文學

797.9　　　　　　　　　　　108003188

本著作物經廈門墨客知識產權代理有限公司代理，由浙江大學出版社授權萬卷樓圖書股

份有限公司出版、發行中文繁體字版版權。

本書為金門大學產合作成果。　　　　　　　　校對：武玉珊／華語文學系四年級